SENDERILLO
Lecturas en español
Nivel Intermedio

Rafaelina Iwasaki
Takashi Ushijima

SANSHUSHA

音声ダウンロード＆ストリーミングサービス（無料）のご案内

http://www.sanshusha.co.jp/onsei/isbn/9784384420197/

本書の音声データは、上記アドレスよりダウンロードおよびストリーミング再生ができます。ぜひご利用ください。

はじめに

　大学で第一外国語（専攻語）あるいは第二外国語としてスペイン語を受講している学生はずいぶんと多く、このニーズに合わせて近年発行されているスペイン語の教科書もかなり増えました。そこで、これらとの差別化を図るべく、次のことを念頭に入れて本書を作成しました。

1) 第一言語（専攻語）の上級学年を主たる対象と考え、リーディング（講読）に適した教材を開発すること。レベルとして、DELE スペイン語検定試験 B1、B2 程度を中心に想定しました。

2) スペイン語を学習しつつ、同時に学生に必要な文化的、社会的知識や背景を学ぶことができるように配慮しました。従来わが国で出版されたいずれの教科書も扱っていない、Lucha Libre, Dominó, Jai Alai, Reggaetón, Simón Bolívar, Tamal, Fernando Botero など、スペイン語圏を理解するうえで重要と思われる諸テーマを取りあげました。スペインおよびラテンアメリカ、さらにはアメリカやアジア地域とラテンアメリカの文化的交流にいたるまで多彩で示唆に富む内容になるように努めました。また、ラテンアメリカ特有のスペイン語にも配慮しました。

3) 本書は講読を中心とした読本ではありますが、本文以外に、内容に関する口頭練習、空所補充による聞き取り、中級レベルの重要な文法のポイントの解説と練習問題、さらには本文内容をより掘り下げた短いコラムなど、本書の学習を通じて楽しみながら自然と総合的なスペイン語力が身につくように構成されています。

　半期 14 回の授業を想定し、全 14 課で構成されています。しかし、実際に 1 回の授業で 1 課ずつ進めていくことは物理的に難しいかもしれません。そこで、年間を通じて本書を完了する、あるいは学生の興味や語学力に応じて、ご担当の先生方が適宜選択して授業を進めていただければと願っております。

　最後に、本書のタイトルにある *SENDERILLO*（小道）は、本書を使って学習されるみなさんが中級レベルのスペイン語へうまくステップアップできるようにと、本書がその道しるべになることを願って付けたものです。これまでに習得した初級レベルのスペイン語をさらに発展させ、中級、上級レベルへと邁進してください。

　なお、フランシスコ・トラルバ（Francisco Torralba）先生には、スペイン語の校正と音声収録にご協力をいただきました。記して感謝申し上げます。

　2020 年 9 月

岩崎ラファエリーナ

牛島　万

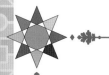

もくじ

ARTE

LITERATURA

OCIO – PASATIEMPO

EL JUEGO DE JAI ALAI

 El **Jai Alai** es un deporte originario de América Central que se establece al norte de España, País Vasco. El País Vasco[1] también es llamado *Euskadi* y comparte una parte con Francia. Funciona como una comunidad autónoma[2] con lengua propia, el *euskera*, que es la lengua más antigua de Europa. Allí también se habla el castellano o español. Esta región tiene una de las economías más dinámicas de España y el mayor porcentaje de población con estudios 5 superiores. Aquí, hace varios siglos, nació el Jai Alai tal y como lo conocemos hoy: deporte de gran velocidad y uno de los más espectaculares que se juegan en el mundo. Se llama *cesta punta* o Jai Alai porque en lengua euskera *zesta-punta* significa "Fiesta Alegre", ya que se juega durante festividades anuales.

El Jai Alai se asemeja al[3] juego de Pelota Vasca o Frontenis pero se juega en una cancha 10 más grande, con una cesta con punta de mimbre[4] que recoge una pelota dura como una roca y de unos 120 gramos de peso. En el frontenis el juego es con raqueta y con una pelota blanda y liviana. El Jai Alai es un deporte muy popular en varios países, siendo los más sobresalientes Francia, España, México, Filipinas y Estados Unidos, sobre todo en la Florida. En otros países como China y Egipto, también es popular. La temporada profesional se juega 15 mayormente en México y en los Estados Unidos. Durante el verano estos juegos se celebran en el País Vasco y en Francia, en un circuito[5] de nombre *Jai Alai World Tour*.

Cómo se juega al Jai Alai:

Es un juego de parejas, aunque puede ser individual. No todo el mundo conoce las reglas de este juego aunque en 500 años no han sufrido muchas variaciones. En su desarrollo lo más 20 importante[6] es la acción y la velocidad. El objetivo es lanzar la pelota contra la pared usando la cesta de mimbre atada al brazo del jugador[7], tratando de que el oponente o jugador contrario no pueda[8] atraparla y regresarla antes de tocar el suelo[9] o después de su primer rebote[10], para luego devolverla a la pared. Para ganar, un equipo debe anotar[11] 7 o 9 puntos. El recorrido[12] de la bola de Jai Alai más rápido registrado es de 75 m/s (270 kilómetros por 25

hora).

▶004
CD1-04 ***Elementos Requeridos:***

Cancha: el Jai Alai se juega en un frontón[13] que tiene, generalmente, de 54 a 60 metros de largo. La cancha tiene tres paredes: la frontal o "Frontis", pared lateral o "Pared de Ayuda" y pared posterior o "Rebote". La principal (*Frontis*) está hecha de granito[14] por ser   *30* un material muy sólido para soportar los golpes de la pelota. Las otras dos paredes (*de Ayuda* y *Rebote*) son de cemento. También hay una barrera de alambre[15] para proteger a los espectadores.

▶005
CD1-05 **Cesta**: es uno de los instrumentos del juego; es curva, cóncava, alargada[16] y estrecha y pesa entre 200 y 600 gramos, con una profundidad de 15 centímetros y encaja en[17] la mano   *35* del jugador, a modo de guante (atándola con una cuerda). Tiene una bolsa para retener[18] la pelota. La cesta se fabrica con madera de castaño, tejida de mimbre. En la actualidad[19] en la elaboración de su revestimiento[20] se utilizan materiales sintéticos[21]. Su característica principal es lanzar la pelota con mayor fuerza y eficacia después de recogerla y deslizarla hasta el extremo[22], desde donde saldrá despedida contra el frontón[23], intentando hacer un "tanto"[24]   *40* para conseguir el mayor número de puntos.

▶006
CD1-06 **Pelota**: es un elemento hecho de caucho[25] o puede ser producto de una combinación de nylon y pieles de animales. Su fabricación puede tomar hasta un año. Las pelotas de Jai Alai tienen una vida de unos 20 minutos. Así que, imaginemos la velocidad del lanzamiento de esas pelotas.   *45*

▶007
CD1-07 **Casco y zapatos**: El equipamiento cuenta con[26] un casco genérico[27] para proteger la cabeza del jugador y evitar accidentes. El uniforme se complementa con[28] un par de zapatos deportivos característicos del balonmano.

▶008
CD1-08 El Jai Alai tiene reglas parecidas a[29] las del tenis. Es un juego de rotación de ocho jugadores. Es eliminatorio[30] y el equipo ganador jugará con el siguiente hasta que haya un   *50* solo ganador.

1 País Vasco バスク自治州
2 comunidad autónoma 自治州
3 asemejarse a ... …と類似する
4 con una cesta con punta de mimbre かご状の先端が細くなっているウィッカー素材
5 circuito トーナメントツアー
6 lo más importante 最も重要なこと lo + 形容詞の用法
7 atada al brazo del jugador プレーヤーの腕に縛られた
8 pueda 接続法になっている意味を理解すること。
9 tocar el suelo 床につく
10 rebote バウンド
11 anotar 得点を上げる （= marcar)
12 recorrido 送球
13 frontón コート
14 está hecha de granito 花崗岩でできている (材料)
15 alambre 金網
16 cóncava, alargada へこんだ、細長い
17 encajar en ... …にはめ込む
18 retener とめる （= detener)
19 en la actualidad 現在では
20 revestimiento コーティング
21 materiales sintéticos 合成材料
22 hasta su extremo むこうまで
23 saldrá despedida contra el frontón 壁に打ち放つ （saldrá は salir の未来形)
24 hacer un "tanto" 得点を上げる
25 caucho ゴム
26 contar con ... …を備えている
27 casco genérico 一般的なヘルメット
28 complementarse con ... …が加えられる
29 parecidas a ... …に似ている
30 eliminatorio 予選、トーナメント

🌸 Responde las siguientes preguntas con oraciones completas:

1) ¿De dónde es originario y dónde se establece el juego de Jai Alai?

2) ¿Qué es el juego de Jai Alai?

3) ¿En qué países ha sobresalido el juego de Jai Alai?

4) ¿Qué es lo más importante y cuál es el objetivo de este juego?

5) ¿Cuáles son los elementos necesarios para jugar?

6) ¿Qué es el "Frontón"?

7) ¿Cuántas paredes tiene y cómo se llaman?

8) ¿Qué es la "Cesta" y cuáles son sus características?

9) ¿De qué está hecha "La Pelota"?

10) ¿Qué otros elementos complementan el equipo de juego?

❖ Resumen ❖

▶009
CD1-09

El Jai Alai es un deporte original de América Central que se estableció en el norte de España, en el País Vasco, o Euskadi que (   ). El País Vasco es una (   ) donde se conserva su propia lengua, el euskera o vascuence, la lengua más antigua de Europa. Allí también se habla el castellano o español. Esta región es una de las áreas más desarrolladas económicamente de España y tiene el mayor porcentaje de población con estudios superiores. Aquí, hace varios siglos, nació el Jai Alai tal y como lo conocemos hoy: deporte de gran velocidad y uno de los más interesantes que se juegan en el mundo. Se llama cesta punta o Jai Alai porque en lengua euskera zesta-punta tiene el sentido de "Fiesta Alegre", ya que se juega durante los períodos festivos del año.

El Jai Alai (   ) pero se juega en una cancha más grande con una cesta con la punta de mimbre que toma una pelota dura como una roca y de unos 120 gramos de peso. En el frontenis se juega con raqueta y con una pelota blanda y liviana. El Jai Alai es un deporte muy popular en varios países, siendo los más destacados Francia, España, México, Filipinas y Estados Unidos, sobre todo en la Florida. En otros países como China y Egipto, también es popular. La temporada profesional se juega mayormente en México y en los Estados Unidos. (   ) en el País Vasco y en Francia, en una gira nombrada *Jai Alai World Tour*.

Es un juego de parejas, aunque puede ser individual. No todo el mundo conoce las reglas de este juego aunque en 500 años no se han cambiado. En su desarrollo (   ). El objetivo es tirar la pelota contra la pared con la cesta de mimbre atada al brazo del jugador, intentando hacer que el oponente o jugador contrario no pueda atraparla y devolverla antes de tocar el suelo o rebotar una vez. Para ganar, un equipo debe marcar 7 o 9 puntos. El recorrido de (   ) registrado es de 75 m/s (una velocidad de 270 kilómetros por hora).

▪▪ **Gramática** —文法の基礎と展開 ▪▪

受け身のいろいろ

スペイン語の受け身   ① se + 3 人称動詞

                      ② ser + 過去分詞（主語の性数に一致）

①   se + 3 人称動詞

En Brasil se habla portugués como idioma oficial.

ブラジルでは公用語としてポルトガル語が話されます。

En Japón se quitan los zapatos al entrar a las casas.

日本では、家に入るときに、靴を脱ぎます。

主語は人ではなく、事物になる。それに応じて、動詞は 3 人称の単数か複数になる。通常「〜によって」という動作主を por を用いて表さない。

②   ser + 過去分詞

Una profesora tímida ha sido amedrentada por sus alumnos.

ある内気な女性教員は生徒たちにびくびくさせられていた。

Esa novela fue escrita por Camilo José Cela.

この小説はカミロ・ホセ・セラによって書かれた。

主語は人も事物も可能である。主語に応じて、過去分詞は性数変化が生じる。「〜によって」という動作主を、por を用いて表すことは可能。通常、動詞は点過去形か現在完了形になることが多い。

🔹 **練習1** 🔹   ①または②のいずれか適切なほうで、受け身文に書き換えなさい。

1)   El terremoto ha destruido la casa.

→ _____

2)   La policía detuvo al criminal en su guarida.

→ _____

3)   En el congreso académico discuten en solo dos idiomas: inglés y español.

→ _____

4)   Dicen que el impuesto de consumo va a subir dentro de poco.

→ _____

5)   Los vecinos de la isla exigieron la renuncia del gobernador.

→ _____

6)   Abren el bar todos los días salvo los domingos.

→ _____

練習2 適切なものを選びなさい。

1) La sentencia (fue leída / se leyó) por el juez en el tribunal.

2) En el supermercado (se vende / se venden / es vendido / son vendidas) muchos artículos rebajados.

3) En el centro comercial (se pueden probar / pueden ser probados) los alimentos que están en promoción.

4) México (fue independizado / se independizó) de España en 1821.

練習3 次の日本語をスペイン語に訳しなさい。

1) 1年前、その作家に芥川賞が授与された（seを用いた受け身で）。

2) このビルの5階から上は賃貸物件である。

3) スペイン語圏でも数言語が公用語として話されている国は実に多い（seを用いた受け身で）。

4) その俳優は多くの10代20代の若者によって称賛されていた。

5) メキシコ憲法は1917年に当時の革命政府によって起草され、発布された。

✦✦ **Un poco más** コラム ✦✦

バスクとバスクの伝統スポーツ

　バスク自治州（País Vasco）の3県（アラバ県、ビスカヤ県、ギプスコア県）とナバラ自治州の計4領域がスペイン・バスクであり、これにフランス領バスクの3領域を合わせた7領域がバスク・ナショナリズムで主張されるバスク地方（Euskal Herria）の地理的領域である。

　バスク地方の伝統的なスポーツとしてはペロタ・バスカがある。ペロタ・バスカは素手もしくはラケットとボールを用いるコートスポーツである。ペロタ・バスカから派生したものにハイ・アライがある。バスクでは力と忍耐力を競う男の競技がさかんである。もともと農作業から生まれた伝統的スポーツが多く、イディ・プロバック（巨大な石を制限時間内に引っ張る競技）、セガ・アプストゥア（刈り取った牧草の重量を競う草刈り競技）、エリ・キロラク（巨大な石を肩まで担ぐ石の担ぎ上げの競技）、アイスコラリ（斧だけを用いて丸太を切断する丸太切り競技）、ソカ・ティラ（綱引き競技）、チンガス（両手に鉄の塊を持って歩く競技）などがある。桁はずれな体力と気力を必要とする競技ばかりである。

LA LUCHA LIBRE

 La **Lucha Libre**[1] es un deporte cuyo origen data de épocas remotas enmarcadas en el siglo VIII a.C., cuando grandes exponentes de[2] la mitología griega y romana como Teseo, mítico Rey de Atenas, Apolo, uno de los dioses olímpicos más significativos y Hermes, el mensajero del Olimpo, sostenían encuentros[3] corporales[4], catalogados como *peleas a muerte*[5] con estilos propios y con reglas a cumplir[6]. Entrando a la modernidad, la lucha es considerada como un deporte de entretenimiento en el que participan dos adversarios que intentan derrotarse entre sí[7] mediante el derribamiento[8] o inmovilización del contrario utilizando técnicas preestablecidas. 5

 En el año 1896 fue incluida como un deporte olímpico por su importancia histórica, especialmente por sus modalidades[9] o estilos como el de la *lucha grecorromana*, un referente de las luchas sucedidas durante la Antigüedad. En su desempeño[10] se utilizaban llaves[11] de la cintura hacia arriba, no permitiéndose el uso de agarre de las piernas[12]. En la modalidad de lucha libre se permitía utilizar amplias técnicas de llave, movimientos acrobáticos y atacar las piernas del contrario. Durante el siglo XIX fue un deporte ampliamente desarrollado en los Estados Unidos y Gran Bretaña, donde se consideraba como una de las principales atracciones de las festividades y de eventos especiales. Entre los años 1901 y 1904 la lucha libre formó parte de los Juegos Olímpicos. 10 15

El término *lucha libre* es utilizado en América Latina para definir la lucha profesional en la que se utilizan técnicas especiales. México ha sido el país donde ha tenido mayor auge y crecimiento. Nació en 1863 cuando el luchador mexicano Enrique Ugartechea la introdujo y desarrolló a partir de la *lucha grecorromana* pasando a[13]ser la *lucha mexicana*. Desde principios del siglo XX es una actividad muy apoyada en la región. En 1933 se fundó la *Empresa Mexicana de Lucha Libre* dedicada al[14] manejo de este único y especial deporte donde el luchador realiza movimientos rápidos y expresivos[15], con muchas maniobras[16] de llave a ras de la lona[17]. En México se le llama *lucha mexicana* por su autenticidad[18], producto 20 25 de las diferencias en sus reglas, por los saltos[19] acrobáticos, por ser una actividad casi teatral y porque introduce elementos propios de su cultura y folklore. Contrariamente, los eventos con luchadores norteamericanos son predominados por la demostración de fuerza.

Los luchadores iniciaron su actividad usando máscaras. Los luchadores mexicanos, mediante el uso de máscaras simples con vistosos colores[20], buscaron resaltar[21] los personajes **30** históricos de la cultura azteca, lo cual dio una especial característica a este popular deporte. A partir del surgimiento del luchador enmascarado de plata llamado *El Santo* (1942), la lucha libre tuvo una especial connotación[22] entre el pueblo mexicano. *El Santo* llegó a ser considerado como un héroe; un personaje místico que representaba la justicia y así fue idolatrado durante unas cinco décadas. Su figura afianzó[23] el deporte como la principal forma **35** de entretenimiento y obtuvo la atención general del pueblo mexicano. Luego aparecieron otros luchadores considerados leyenda como *Blue Demon, Mil Máscaras, El Cavernario Galindo, Huracán Galindo* y otros más.

Las máscaras pasaron a ser un elemento muy importante en el duelo[24] de la lucha y, si bien[25] fueron evolucionando[26] con el tiempo, siempre han tratado de esconder la identidad de **40** quien las usa. En la modernidad se volvieron[27] más coloridas representando figuras de animales y dioses, o de acuerdo al personaje que se quisiera. El perderla[28] pudiera[29] representar el retiro de la carrera o la oportunidad de cambiar de identidad para asumir una nueva. Durante la lucha libre, muchos luchadores perdieron sus máscaras y con ello[30] el anonimato[31]. Hubo otros que habiéndola perdido, obtuvieron fama como: *Tarzán López, Gori* **45** *Guerrero* y *El Satánico* entre otros.

La lucha libre en México sigue teniendo[32] muchos seguidores[33] y hay generaciones que se transmiten entre sí, de mayores a menores[34], la tradición de la lucha libre. Este desempeño[35] y constancia[36] ha permitido a los luchadores mexicanos traspasar sus fronteras y sostener combates con representantes de países como Alemania, Japón, Inglaterra y Estados **50** Unidos entre otros, ganándose su respeto y reconocimiento.

La máscara de El Santo

La máscara de Blue Demon

1 lucha libre　プロレス
2 grandes exponentes de　すばらしい象徴的存在
3 encuentros　決闘
4 corporal　体を使った、肉体の
5 peleas a muerte　死闘
6 con reglas a cumplir　果たすべきルールをもつ
7 entre sí　お互いに
8 derribamiento　ノックアウトすること
9 modalidad　やり方、様式
10 en su desempeño　それを行うとき（この場合は
　ギリシア・ローマ時代の決闘）
11 llave　技、関節技
12 el uso de agarre de las piernas　足をつかむこと
13 pasar a …　…に移行する、変化する
14 dedicar a …　…に貢献する
15 expresivos　特徴的な、表現豊かな
16 maniobra　策略
17 a ras de la lona　マット全面に
18 autenticidad　本物、真正さ
19 salto　ジャンプ
20 vistosos colores　派手な色（= llamativo）

21 buscar＋不定詞　〜を目指す、resaltar　際立
　たせる（= destacar）
22 connotación　含意、内包
23 afianzó→afianzar　確実なものにする
24 duelo　決闘
25 si bien　〜ではあるが
26 fueron evolucionando　ir＋現在分詞（進行
　形を表す）
27 volverse＋形容詞　〜になる（☞第10課を
　参照）
28 perderla　不定詞の名詞的用法に注意
29 pudiera→poder の接続法過去、接続法過去の
　ニュアンスに気を付けること（☞第13課を
　参照）
30 ello は何を指しているか。
31 anonimato　匿名性
32 seguir＋現在分詞　〜し続ける
33 seguidor　ファン
34 de mayores a menores　大人から子供まで
35 desempeño　果たす責務
36 constancia　粘り強さ、一貫性

❧ Responde las siguientes preguntas con oraciones completas:

1) ¿De dónde se piensa que viene la lucha libre y a qué período corresponde?

2) ¿Qué es la lucha libre?

3) ¿Cuándo fue incluida la lucha libre en los Juegos Olímpicos y por qué?

4) ¿En qué países se desarrolló durante el siglo XIX y cómo se consideraba?

5) ¿Dónde y para qué se utiliza el término *lucha libre*?

6) La lucha mexicana ¿cuándo nace y quién la introduce?

7) ¿Por qué se le llama lucha mexicana?

8) ¿Qué usaban los luchadores mexicanos?

9) ¿Quién fue El Santo? ¿Por qué es importante la máscara?

10) ¿Qué pasa cuando se pierde la máscara?

❖ Resumen ❖

▶016
CD1-16
La Lucha Libre es una lucha que se originó de los tiempos grecorromanos, pero en nuestra época es considerada como (   ) en el que los luchadores intentan vencerse entre sí por el derribamiento con técnicas permitidas.

En el año 1896 la lucha libre fue deporte olímpico. En este deporte se permitía utilizar amplias técnicas de llave, movimientos acrobáticos y atacar las piernas del contrario. Durante el siglo XIX fue un deporte ampliamente popular en los Estados Unidos y Gran Bretaña, donde (   ) de las festividades y eventos especiales.

El término *lucha libre* se usa en América Latina para definir la lucha profesional. México es (   ) en lucha libre, con mayor auge y crecimiento. En 1863 *Enrique Ugartechea* la introdujo y desarrolló hasta que en 1933 se fundó la *Empresa Mexicana de Lucha Libr*e. En México se le llama *lucha mexicana* por su autenticidad, fruto de la diferencia de reglas y por ser una actividad casi teatral.

Los luchadores iniciaron su actividad (   ). El luchador enmascarado de plata *El Santo* (1942) llegó a ser considerado como un héroe; un personaje místico que representaba la justicia; luego aparecieron otros luchadores.

Las máscaras (   ) en el duelo de la lucha y siempre han tratado de esconder la identidad. Por otra parte, hubo otros que ganaron reputación sin máscaras. La lucha libre en México (   ), pasando por encima de diferencias de generación y hasta traspasar fronteras en el mundo.

◆━ Un poco más コラム ━◆

メキシコのルチャリブレ

　ルチャリブレの特徴といえば、闘いのなかにも「笑い」があることではないだろうか。決してヒーローが繰り広げる真面目な「死闘」ではないのだ。派手なマスクにアクロバットの披露、これだけで観客は日頃の労を癒すことができるのだ。そして、「笑い」は、何よりも明日への活力となる重要なファクターといえよう。また、日本とメキシコは意外にプロレスでも関係がある。ウルティモ・ドラゴンは日墨をまたにかけて活躍する日本人レスラーの一人だ。逆にメキシコ人レスラーで来日する者も多い。ミル・マスカラスもその一人であるが、メキシコにはルチャ・シネマなるものがあり、彼などは俳優として出演している。また、現役の神父がフライ・トルメンタという名前でルチャリブレの舞台に出て、その報酬を自らの孤児院の資金にあてていたという話を聞くと、メキシカン・ルチャリブレは単なる大衆の娯楽文化に留まるものではないことがわかる。

◼️ **Gramática** —文法の基礎と展開 ◼️

前置詞 para と por の用法

1) para の用法

①用途　②宛先　③行先・方向　④目的　⑤適応・利益　⑥機能職能　⑦能力・許可　⑧期限、
〜まで、〜の間　⑨判断基準・対比　⑩観点、意見　⑪〜する準備ができている　など

2) por の用法

①継続、〜の間　②漠然とした期間、〜頃に　③単位、〜につき　④代価　⑤交換　⑥かけ算、
〜ずつ　⑦動機、理由、原因　⑧手段　⑨判断基準　⑩〜に関して　⑪経由、通過　⑫〜あたり
に　⑬感情、関心の対象　⑭まだ〜していない　など

練習1　para または por のいずれかを入れなさい。

1) Tenemos que terminar la carrera (　　　　) el próximo año.

2) Esta carta es (　　　　) José.

3) Vamos (　　　　) Colombia este verano.

4) Envío la carta a María (　　　　) fax.

5) Paso (　　　　) tu casa antes de ir al cine.

6) Pongo la televisión (　　　　) ver las noticias.

7) (　　　　) el profesor, Juan es el mejor estudiante.

8) El coche va a cien kilómetros (　　　　) hora.

9) Takashi toma clases (　　　　) ser abogado.

10) Tienes que confesar la verdad (　　　　) no tener problemas.

11) Está muy caluroso (　　　　) ser un día de invierno.

12) Vamos al cine el sábado (　　　　) la noche.

13) Pagamos cien dólares (　　　　) la cena.

14) Caminamos (　　　　) la ciudad en busca de un buen restaurante.

15) Salimos (　　　　) Madrid en el avión de las ocho.

16) Puedes enviarme la información (　　　　) correo electrónico.

17) (　　　　) hacer el pastel necesitamos seis huevos.

18) El nuevo plano de la ciudad está (　　　　) salir.

19) (　　　　) mí es muy difícil hablar inglés.

20) Te doy muchas gracias (　　　　) tu bondad.

21) Cervantes es conocido (　　　　) su obra.

22) Vamos a brindar (　　　　) la feliz pareja.

23) (　　　　) terminar, unas palabras de felicitación a nuestro jefe.

24) El ladrón se escapó (　　　　) la ventana.

25) No pagaré más de 1.000 yenes (　　　　) ese libro de segunda mano.

練習2 違いを説明しなさい。

1) Juan cocina **para** Juana.
   Juan no fue a la fiesta **por** Juana.

2) Tienes que comprar algo **para** tu familia.
   Tu familia no puede comprar el coche **por** tu culpa.

3) **Para** mí, mi abuelo es lo más importante en mi vida.
   Tenemos que vivir cerca del mar **por** mi abuelo.

練習3 次の日本語をスペイン語に訳しなさい。

1) このテーマについては議論の余地がある（quedar）。

2) 私は昨日一晩中、ネットサーフィン（navegar por internet）をしていた。

3) 家に帰った時刻からみて、おそらく彼は最終電車に乗り遅れたのだろう。

4) 私は階段から滑って転んで（caer al resbalar）しまった。

5) 彼らのデモ（manifestación）では、男女間の平等を求めて闘っている。

6) 彼は大人（mayor）の割には子供じみている。

LA SALSA

La **Salsa** es un estilo musical muy variado y bailable que nació a finales de los años 60 entre la población latina. Ellos consumían ampliamente música producto de la fusión[1] de elementos africanos y caribeños, especialmente los originarios de Cuba, llamada música afrocubana. Tuvo un gran auge[2] entre los años 1930 y 1950 y, aunque su origen no se atribuye a[3] un lugar en específico, se dice que gran parte de su creación se debió a[4] Cuba. Fue allí, durante el $\quad$ 5 siglo XVII, donde se fusionó la música de los esclavos africanos con la de los colonos españoles y franceses, lo que generó estilos musicales afrocaribeños como el *Cha Cha Chá*, el *Mambo*, el *Son Cubano* y el *Guaguancó*, estilos que se extendieron por América Latina y que explotaron en los barrios populares habitados por latinos en Nueva York. En este momento también había gran influencia del Jazz. $\quad$ 10

La salsa, aunque no lo creas[5], es un término que guarda relación con el hecho[6] de cocinar. Así también se llaman las mezclas líquidas[7] que sirven para aderezar[8], condimentar[9] o resaltar[10] los sabores de algunos alimentos[11], por ejemplo, la soja y el *mirin* entre otras[12]. Salsa para los latinos, también es una forma de definir alegría y animosidad[13]. Sobre el origen de este nombre hay varias teorías: se dice que proviene del Son cubano[14] llamado *Échale* $\quad$ 15 *Salsita*[15] interpretado[16] en 1930 por *Ignacio Piñero*. Otra que el cantante *Cheo Marquetti*, desterrado[17] a México, es influenciado por sus gustosas salsas picantes y en 1940 llamó a su grupo musical *El Conjunto Los Salseros*. También que se debe a un DJ venezolano, *Phidias Danilo Escalona* quien llamó a su programa radial[18] transmitido durante la hora del almuerzo (para amenizarlo[19]) *La hora de la Salsa, el Sabor y el Bembé*[20]. Otros dicen que el nombre lo $\quad$ 20 puso de moda[21] el dominicano *Johnny Pacheco*, con su disco llamado *Salsa Na´Ma*.

La salsa ha sido desarrollada por músicos de origen caribeño (mayormente cubanos y puertorriqueños) y ha evolucionado progresivamente logrando abarcar[22] varios estilos: la salsa dura, la romántica y la timba[23]. Se introducen instrumentos diferentes a los utilizados[24] por las bandas y orquestas que tocaban guaracha[25], son montuno[26] o charanga[27], entre ellos[28], $\quad$ 25 el piano y el bajo eléctrico[29]. Entre los años 1970-1990 este género musical[30] abre un nuevo capítulo para la música latina con un ritmo muy bailable que adquiere mucha variedad y se hace[31] distintiva según el país donde se toque: Cuba, Colombia, Venezuela, Puerto Rico, República Dominicana, Panamá, etc.

▶ 020
CD1-20

La salsa ha sido llevada a Europa y a otros países tan lejanos como Japón o los *30* asiáticos. En España durante la época del dictador Franco estuvo prohibida por el contenido de sus canciones, sin embargo, en la actualidad es muy popular y hay mucha gente interesada en aprenderla a bailar. Su historia ha sido recopilada en la trayectoria de varias empresas discográficas que desde los años 60 apoyaron a grandes orquestas, grupos de salsa y de música latina, por ejemplo *Fania All Star* que se formó en Nueva York hacia los años 1970 y *35* contaba con[32] un completo y novedoso equipamiento de instrumentos musicales para acompañar a excelentes cantantes como *Willie Colón, Rubén Blades, Ray Barreto, Héctor Lavoe* entre otros, o a importantes cantantes invitados como *Celia Cruz,* única mujer en el género, apodada *La Reina de la Salsa, Tito Puente* y *Eddie Palmieri.*

▶ 021
CD1-21

La salsa, ha pasado a ser una de las formas musicales populares más importantes en el *40* mundo y así se ha mantenido durante lo que va del siglo XXI, en el que aún se mantienen y destacan excelentes exponentes del género salsero como *Jerry Rivera* (1973-, puertorriqueño), cantante de salsa romántica llamado *El Niño de La Salsa, Marc Anthony* (1968-, nuyorriqueño), *Gilberto Santa Rosa* (1962-, puertorriqueño) conocido como *El Caballero de La Salsa, Eddy Santiago* (1955-, puertorriqueño), conocido como *El Rey de La Salsa* *45* *Romántica* y *Oscar D'León* (1943-, venezolano), uno de los máximos exponentes de la salsa, conocido como *El Sonero del Mundo* y *El Diablo de La Salsa.*

1 fusión 融合、フュージョン

2 auge ブーム

3 se atribuye a→atribuirse a ... …のものとされる

4 se debió a→deberse a ... …による

5 aunque＋接続法 「たとえ〜でも」
aunque＋直説法 との違いに注意すること。

6 hecho 事柄、事実、行為

7 mezclas líquidas 液体の混合物

8 aderezar 調味する

9 condimentar 味付けする、調味する

10 resaltar 際立たせる、強調する

11 alimento 食材、食品

12 entre otras etc. の意味

13 definir alegría y animosidad 喜びや気力を定かにする

14 son cubano ソンはキューバ音楽の一つの形式（son は元々「音」の意味）

15 Échale Salsita echar は「入れる、注ぐ」の意味。salsita は salsa の縮小辞 (-ito/a)。

16 interpretar 演奏する

17 desterrar 追放する（＝ exiliar）

18 programa radial ラジオ番組、スペインでは、programa de radio という。

19 amenizar 楽しくする

20 Bembé 元来アフリカ起源の宗教儀式であるが、キューバでは音楽の一形態として発展した。

21 poner de moda 流行させる／lo は何を指すか。

22 abarcar 手中に入れる。

23 timba bomba とも呼ばれ、アフリカ起源の太鼓のこと。

24 diferentes a los utilizados 用いられるものと異なる／los は何を指すか。

25 guaracha グアラチャ（ワラチャともいう。アフロ系のアイティール諸島のペアダンスと歌で、ピカレスク的で風刺的な歌詞内容である。）

26 son montuno ソン・モントゥーノ（ソンの古い形式で、オリエンテ地方のサンティアゴ・デ・クーバ発祥の音楽。最後がアップテンポで、即興と繰り返しを伴う。）

27 charanga チャランガ（キューバ音楽の一つで、アフロ音楽のダンソンのリズムの影響を受け、これにバイオリン、フルート、ピアノなどのヨーロッパの楽器でもって演奏し歌謡的な要素を融合した音楽。）

28 entre ellos など

29 bajo eléctrico エレキベース

30 género musical 音楽ジャンル

31 se hace→hacerse 〜になる（☞ 第 10 課参照）

32 contaba con→contar con 〜を備える

❦ Responde las siguientes preguntas con oraciones completas:

1) ¿Qué es la salsa y cuándo nace?

2) Nombre algunos estilos musicales afrocaribeños

3) ¿En qué época y de dónde provenía la música que generó la salsa?

4) ¿Conoce algún otro significado de la palabra *salsa*?

5) Cite alguna de las teorías sobre el origen del nombre *salsa*.

6) ¿Cuáles son los nuevos estilos de la salsa?

7) ¿Conoce los nuevos instrumentos introducidos?

8) ¿Dónde, cómo se llama y en qué año se forma alguna de las grandes agrupaciones de salsa?

9) ¿Cómo se llama uno de los cantantes del grupo anterior y uno de los invitados?

10) Nombre 2 cantantes actuales de salsa y sus apodos.

❖ Resumen ❖

▶022 CD1-22 La Salsa es un estilo musical muy variado y bailable que nació a finales de los ( ) en los países latinos. Es fruto de la música afrocaribeña y afrocubana. Tuvo un gran ( ) entre los años 1930 y 1950. Aunque su origen no es conocido, se dice que ( ) a Cuba. En Cuba, durante el siglo ( ), se unió la música de los esclavos africanos con la de los colonos españoles y franceses y se establecieron estilos musicales afrocaribeños. Se extendió por América Latina y explotó en los barrios latinos en Nueva York, ( ) tuvo gran influencia del Jazz.

La salsa es un condimento como la soja y el *mirin* entre otras. Salsa también es una forma de definir alegría y animosidad. Sobre el origen de este nombre hay varias teorías. La salsa ha sido desarrollada por músicos de origen caribeño, mayormente cubanos y puertorriqueños, y ha evolucionado hasta ( ) varios estilos: la salsa dura, la romántica y la timba. Se ( ) a las bandas y orquestas que tocaban guaracha, son montuno o charanga, entre ellos, el piano y el bajo eléctrico. Entre los años 1970-1990, este ( ) abrió un nuevo camino para la música latina y adquirió mucha variedad.

La salsa ha sido llevada a Europa y hacia Asia. En España durante la época de Franco estuvo prohibida, sin embargo ( ), disfruta de popularidad y mucha gente tiene interés por aprenderla a bailar. Desde los años 60 varias empresas discográficas apoyaron grandes orquestas, grupos de salsa y de música latina, entre ellos Fania All Star en Nueva York hacia los años ( ) acompañados por excelentes cantantes como: Willie Colón, Rubén Blades, Ray Barreto, Héctor Lavoe, Celia Cruz "La Reina de la Salsa", Tito Puente y Eddie Palmieri.

La salsa ha pasado a ser uno de los géneros musicales populares más importantes en el mundo. Aún se mantienen y destacan excelentes ( ) como Jerry Rivera (1973-, puertorriqueño), Marc Anthony (1968-, nuyorriqueño), Gilberto Santa Rosa (1962-, puertorriqueño), Eddy Santiago (1955-, puertorriqueño), y Oscar D'León (1943-, venezolano).

■ **Gramática** ―文法の基礎と展開 ■

関係詞 (1)

1) que は、「人」でも「物」でも可能。しかも、先行詞が主格でも直接目的格でも可能。ただし、間接目的格、独立用法では不可。

La chica 　que　 está sentada enfrente de mí está hablando por teléfono con alguien.
先行詞が「人」で主格の場合

私の目の前にすわっていた女の子が誰かと電話で話している。

El parque 　que　 está a diez minutos a pie desde mi casa es un poco antiguo pero muy grande y tiene muchas atracciones.
先行詞が「物」で主格の場合

私の家から歩いて 10 分のところにある遊園地は、少し古いが、ものすごく広く、遊具も多い。

Una chica 　que　 conozco bien se ha hecho actriz recientemente.
先行詞が「人」で直接目的格の場合

私がよく知っている女の子は最近女優になった。

El sombrero 　que　 compré ayer en el centro comercial es de cuero y de color negro.
先行詞が「物」で直接目的格の場合

ショッピングモールで昨日私が買った帽子はスエードで黒色である。

2) 独立用法の場合 → que を単独で使った独立用法は不可。
①「人」の場合 →quien, el que, los que
ただし、具体的な女性を指す場合 → la que

Que no ha visto Granada, no ha visto nada. （×）
→ 　**Quien**　 no ha visto Granada, no ha visto nada. （○）
→ 　**Los que**　 no han visto Granada, no han visto nada. （○）
→ 　**El que**　 no ha visto Granada, no ha visto nada. （○）
グラナダを見たことのない人は何を見ていないに等しい。（ことわざ）

②「物」の場合
具体的な事物　　 el que, la que
抽象概念　　　　 lo que

Ésta no es mía, **que** tengo es más cara. （×）
→ Ésta no es mía, 　**la que**　 tengo es más cara. （○）
これは私のものではない。私のはもっと値段が高い。

Que dice la maestra no es necesariamente interesante. （×）
→ 　**Lo que**　 dice la maestra no es necesariamente interesante. （○）
先生が言っていることは必ずしも興味ある話題ではない。

quien は独立用法以外に、先行詞が「人」の場合に使える。ただし、非制限用法のみで可能。

Tomás **quien** estudia mejor, también juega mejor al fútbol. （×）

→ Tomás , quien es el mejor estudiante, también es el que juega mejor al fútbol. （○）

トマスは最も優秀な学生であるが、サッカーも最もうまい。

コンマをつけることによって「非制限用法」になる場合のみに quien が用いられる。独立用法でない場合の quien で複数名詞の場合は quienes となる。

Tomás y José , quienes son los mejores estudiantes, también son los que juegan mejor al fútbol. （○）

トマスとホセは最も優秀な学生であるが、サッカーも最もうまい。

Tomás **quien** estudia mejor, también juega mejor al fútbol. （×）

→ Tomás que es el mejor estudiante, también es el que juega mejor al fútbol. （○）

練習1 （ ）に適当な関係詞を入れなさい。解答が複数考えられる場合はすべて述べなさい。

1) Las personas ( ) estaban sentadas detrás no estuvieron en silencio.

2) ( ) no estudie lo suficiente no aprobará el examen.

3) Ella es ( ) debe prestar atención en la clase.

4) No vino María, ( ) vino fue su novio.

5) El libro ( ) está leyendo Antonio no es el de gramática.

6) ( ) lo deseen pueden trabajar más horas los fines de semana.

·❖· Un poco más コラム ·❖·

サルサ

　サルサとラテンは同じではない。総じて、サルサとは、亡命キューバ人やニューヨーク居住のプエルトリコ系のエスニック音楽を基盤とし、これを都会風にアレンジしてアメリカで生まれたラテン音楽のことだ。だから、情熱の恋（ロマンティカ）のようなテーマやダンスがその快活なリズムの音楽に盛り込まれていた。サルサ・ロマンティカが一部、英語の歌詞を導入してアメリカ市場での非ヒスパニック・ラティーノに配慮する姿勢をみせたが、音楽のリズムとダンスに興味があれば、言葉はそれほど障壁ではなかった。その一方、1970 年代以降、アメリカ社会に対する批判や政治的風刺を歌詞に包含するサルサが登場してきた。パナマ出身のルーベン・ブラデスもその一人だ。彼の大ヒット曲である、1978 年のウィリー・コロンとの共演の *Plástico*（無機質）のなかで、無機質なアメリカ社会を諷刺し、同社会のなかで生きるすべてのラティーノは人間としての尊厳を保ち、互いの連帯を高めることが先決であることを訴えている。

EL REGGAETÓN

El **Reggaetón** es una expresión musical muy popular con un ritmo muy pegajoso y movido[1], generalmente cantado en español. Es un género[2] musical que se identifica y se destaca entre los jóvenes de América Latina, islas del Caribe, España y los Estados Unidos. Surge de mezclar el *reggae* de origen jamaicano con el ritmo del *hip hop* cantado en los barrios[3] populares de los Estados Unidos. Sus creadores querían un nombre en español y agregaron al 5 reggae original, el sufijo[4] –ón–, así nace el nombre de *Reggaetón*, cuyo significado es un reggae grande. Hecho este que se atribuye al[5] productor puertorriqueño, *Michael Ellis* (1988), representante de *El General*, reconocido como el padre del reggae español.

Su Historia: El Reggaetón surge a partir del reggae jamaicano de los años 60. En los 70 es llevado a Panamá por un grupo de jamaiquinos y por otros inmigrantes provenientes de las 10 islas de Barbados, Trinidad y Tobago y otras del Mar Caribe que se trasladaron a Panamá para trabajar en la construcción del canal interoceánico. En 1977 un inmigrante guyanés y un DJ de nombre *Wasanga* fueron los responsables de introducir el ritmo del reggae en Panamá. El Reggaetón mantuvo el uso de los instrumentos mezclando los ritmos musicales y poco a poco, comenzó a transformarse cambiando los temas y las letras de las canciones, así el 15 movimiento inicialmente recibió el nombre de *reggae en español*.

Aunque el Reggaetón comenzó en Panamá, rápidamente se extiende por los pueblos caribeños y finalizando los años 80 se introduce en la isla de Puerto Rico, donde evoluciona. Aquí se hacen todo tipo de mezclas con gran éxito comercial. En 1984 uno de los primeros éxitos musicales se atribuye al cantante *Nando Boom*. El estilo crece en 1988 con el cantante 20 puertorriqueño *Edgardo Franco*, llamado *El General*. En este momento se le da el nombre de Reggaetón. Entre los años 90 y 2000 se introduce en los Estados Unidos y arraiga[6], especialmente entre la población latina, quienes toman esta nueva música como un modo de expresión. De 1992 a 1993 el Reggaetón tiene un gran auge a través de canciones muy bailables y muy bien acogidas por el público hispanohablante. El rapero *Vico C* o *Big Boy*, 25 fue uno de los primeros artistas boricuas en grabar Reggaetón. Otro gran exponente[7] es Daddy Yankee, cantante que ha mantenido su vigencia[8] en el tiempo. Se dice que Puerto Rico es el país que produjo los máximos y más reconocidos artistas como exponentes musicales del nuevo género.

Características: El Reggaetón ha variado en el tiempo con influencias del *reggae* y del 30 *dancehall* en sus inicios hasta la corriente del *hip hop*. La mayoría de sus cantantes desarrollan las canciones recitando el contenido de sus letras. Es un estilo musical polémico y habla sobre temas sociales, económicos, de discriminación racial, de violencia política y explícitamente sobre situaciones sexuales. Sus letras se escriben en rimas[9] buscando obtener una canción pegadiza[10] y fácilmente memorizable. El sonido es de forma repetitiva ejecutado 35 a través de instrumentos electrónicos (teclados), sintetizadores, sámplers, el tambor y la percusión. El ritmo del Reggaetón es básicamente para bailar.

Es innegable que la música latina ha sido mundialmente exitosa durante las últimas décadas. Los cantantes surgidos durante este "boom", entre otros *Don Omar, Wisin y Yandel* o *Nicky Jam*, ponen a vibrar y a bailar a gran parte de la población al solo escuchar sus 40 rítmicas canciones y han generado nuevas manifestaciones en la forma de bailar con fuertes y sensuales movimientos llamado "el perreo". Se dice que el Reggaetón le está dando paso a otro género de música urbana latina, el *Trap*, muy parecido en cuanto al ritmo pero con letras cuyos contenidos escandalizan porque promueve el machismo, expresan sexo detalladamente, hablan de drogas y de infidelidad, lo que ha motivado muchas críticas. 45

Hay artistas que aún siendo consagrados en otros géneros musicales tales como *Enrique Iglesias, Shakira* y *Luis Fonsi*, han tenido que cambiar, adaptar o compartir su estilo con estos nuevos géneros musicales para lograr alcanzar el éxito deseado. La canción *Despacito* (2017) es una muestra de ello.

Vico C

Daddy Yankee

1 **pegajoso y movido** 人の心をつかむキャッチーで快活な
（**pegajoso** には「密接な」という意味もある）
2 **género** ジャンル
3 **barrio** 居住区、縄張り
4 **sufijo** 接尾辞
5 **se atribuye a …→atribuirse a …** …による
6 **arraigar** 定着する
7 **exponente** 代表的存在、象徴
8 **vigencia** 効力
9 **rimas** 韻を踏む、韻文、叙情詩
10 **pegadizo** 覚えやすい

❧ Responde las siguientes preguntas con oraciones completas:

1) ¿Qué es el reggaetón?

2) ¿En qué países se destaca?

3) ¿De dónde surge?

4) ¿Cuál es el significado del nombre *reggaetón* y a quién se atribuye?

5) ¿En qué año surge, a qué país fue llevado y quiénes lo llevaron?

6) ¿Cómo comienza la transformación del reggaetón?

7) ¿Cuándo se introduce en Puerto Rico?

8) ¿Quién es "El General" y cuál es su nombre?

9) ¿Qué cantante puertorriqueño ha sido muy exitoso desde su aparición?

10) ¿Cuál es el nuevo género de música urbana nacida del reggaetón? Y ¿cuál es su principal característica?

❖ **Resumen** ❖

▶029
CD1-29

El Reggaetón es un género musical muy popular con mucho ritmo y de mucho movimiento, generalmente cantado en español. Es muy popular entre los jóvenes de América Latina, islas del Caribe, España y los Estados Unidos. Se mezcla el reggae, de origen jamaicano, con el ritmo del hip hop que se genera en los Estados Unidos.

El reggaetón se originó del reggae jamaicano de los años 60. En los 70 fue llevado a Panamá por los jamaiquinos y por otros inmigrantes (   ) las islas del Mar Caribe que se mudaron a Panamá para trabajar. En 1977 un inmigrante guyanés y un DJ Wasanga (   ) el ritmo del reggae en Panamá, o reggae en español.

Aunque el reggaetón comenzó en Panamá, rápidamente se difundía por los pueblos caribeños y a finales de los años 80 se introdujo a la isla de Puerto Rico, donde evolucionó. En (   ), tuvo éxito con el cantante Nando Boom. El estilo creció en 1988 con el cantante puertorriqueño Edgardo Franco, llamado "El General". En este momento se creó el nombre de *Reggaetón*. Entre los años 90 y 2000 se introduce en los Estados Unidos y (   ) específicamente, en los barrios latinos donde tomaron esta nueva música como un modo de expresión. De 1992 a 1993 el reggaetón tuvo un gran auge a través de canciones muy bailables y muy bien acogidas por el público hispanohablante. El rapero Vico C o Big Boy, fue uno de los primeros artistas boricuas y Daddy Yankkee fue un cantante que ha mantenido su popularidad. Dicen que Puerto Rico es el país que (   ) los grandes y más reconocidos artistas.

El reggaetón ha variado sus características con influencia del reggae y del dancehall hasta la corriente del hip hop. La mayoría de sus cantantes desarrollan las canciones con las letras que contienen los temas sociales, económicos, de (   ), de violencia política y de sensualidad. Sus letras son memorizables y repetitivas, con instrumentos electrónicos (teclados), sintetizadores, sámplers, tambor y percusión.

Los cantantes han generado nuevas manifestaciones con fuertes y sensuales movimientos, "el perreo". Enrique Iglesias, Shakira y Luis Fonsi, entre otros, han tenido que cambiarse, adaptar o (   ) su estilo con estos nuevos géneros musicales para mantener y (   ) el éxito deseado.

:: **Gramática** —文法の基礎と展開 ::

Ⅰ 現在形と現在進行形

現在形とは、一般の特質、あるいは習慣性を表す。状態だけではなく、動作を含む。

現在進行形とは、その時の動作（進行中の動作、未完の動作）を表す。 estar + 現在分詞 となる。

練習1 現在形か現在進行形に変化させなさい。

1) El agua (hervir:　　　　　　　　　) a 100 grados centígrados.

2) El agua (hervir:　　　　　　　　　).

3) Nosotros (dar:　　　　　　　　　) vueltas al mismo sitio todo el rato.

4) No me puedo subir en los columpios que (dar:　　　　　　　　　) vueltas.

5) Yo me (marear:　　　　　　　　　) con facilidad.

Ⅱ 線過去形と過去進行形

線過去形とは、過去における一般の特質、あるいは習慣性を表す。

過去進行形とは、過去の時点における進行中の動作、未完の動作を表す。 estar（点過去か線過去の両方が考えられる）+ 現在分詞 となる。

ただし、過去進行形の動詞が点過去の場合→その動作の継続は限定的。

　　　　　　線過去の場合→その動作が完了しているかどうかはわからない。

Estuve trabajando en una compañía de comercio antes de empezar a estudiar en México.
メキシコで私が勉強し始める前に、貿易会社でずっと仕事していました。

María **estuvo corriendo** cada día por tres meses para adelgazar.
マリアはダイエットのために3ヶ月毎日ランニングをしていた。

Al mismo tiempo los chicos **estaban haciendo** la tarea y **jugando** con el videojuego.
同時に子供たちは宿題をやりながらビデオゲームで遊んでいました。

練習2 線過去形か過去進行形に変化させなさい。

1) La señora (ahorrar:) para la educación de sus hijos.

2) Nosotros (guardar:) el dinero en casa.

3) Antes nosotros (ir:) a los bancos. Ahora vamos a los cajeros automáticos.

4) No te contesté el teléfono porque (escribir:) una poesía.

5) No te contesté el teléfono porque (escribir:) una poesía y no (querer:) desconcentrarme.

練習3 次の日本語をスペイン語に訳しなさい。

1) ホルヘがやってきたとき、ロサは家にはいなかった。彼女はちょうどジムで運動中だった。

2) 朝、（私は）目が覚めると、庭の花や土がぬれているのに気付いた。きっと昨晩は雨が降ったのだろう。

3) 急いで（私は）駅に到着すると、ちょうど最終電車がまもなく発車するところだった。

4) ぼくは、運動不足の解消に近くの川沿いを走るようにしています（intentar を用いて）。

5) （私は）あなたのお返事をお待ちしております。

⋆⋙— **Un poco más** コラム —⋘⋆

レゲトン

　サルサはニューヨークのラティーノ・ミュージシャンから生まれ、その市場が概してスペイン語コミュニティに限られていたのに対し、レゲトンは、プエルトリコ発祥のラテン音楽に、アフロ的なラップの要素、加えてパナマ発祥のカリブ海的なレゲー・エン・エスパニョールを融合させて独自性を確立することに成功した。加えてグローバル・コマーシャリズムの波に乗り、世界中にレゲトンを浸透させたことでは、史上まれに見るラテン音楽の大躍進と言えよう。2004 年にプエルトリコ系の N.O.R.E. が Oye Mi Canto を発表、さらにすぐさまダディー・ヤンキーが Gasolina を爆発的にヒットさせたことが発端でレゲトン革命が勃発した。プエルトリコ発のレゲトンはアメリカ本土、さらには世界中の若者にまでその音楽の存在を知らしめることになった。その後、ダディー・ヤンキーに続く、多くの若手レゲトン・ミュージシャンが登場し、今もレゲトン・パワーはとどまることを知らない。歌詞は原則 100％スペイン語である。ダンスに適したリズムやテンポがその売りとなっているので言語は問題ではない。歌詞内容は、アフロ音楽特有のわれわれには意味不明の隠語を含んだもの（性的内容を含む）から、麻薬、犯罪、貧困などの社会的問題や政治的風刺までさまざまである。総じて、スペイン語ラップとラテンダンスの両方の要素を有し、とりわけ後者の観点からそのダンスの官能性がよく強調される。

SIMÓN BOLÍVAR

Simón José Antonio de la Santísima Trinidad Bolívar Palacios Ponte y Blanco, conocido como **Simón Bolívar**, fue hijo de una aristócrata familia venezolana. Nació el 24 de julio de 1783 en Caracas (entonces, Capitanía General de Venezuela). Fue considerado el *Hombre de América*[1] por su labor en pro de la liberación[2] de los países americanos y fue reconocido como destacada figura[3] de la historia universal. Dejó un legado[4] político en diversos países 5 latinoamericanos y ha recibido honores en varias partes del mundo a través de estatuas, monumentos, parques y plazas. Su vida estuvo llena de grandes eventos. Quedó huérfano[5] a los 9 años y recibió una excelente educación. Su vocación era el ejercicio de las armas. A los 14 años ingresó al Batallón de Milicias[6] de Blancos de los Valles de Aragua (Venezuela), luego se marchó a España. En 1799 en Ciudad de México, conoció al virrey[7] de Nueva 10 España, a quien dejó impresionado por su juventud y demostrada destreza y confianza en el manejo de temas[8] sobre la independencia americana.

▶031
CD1-31
Se casó en Madrid el 26 de mayo de 1802 con María Teresa Rodríguez del Toro y Alayza y juntos regresaron a Venezuela. Al año siguiente la joven esposa murió y Bolívar, muy triste, juró no volver a casarse. En 1804, viajó a Europa, adquirió grandes 15 conocimientos, presenció la proclamación de Napoleón Bonaparte como Emperador de Francia y asistió a su coronación como Rey de Italia en Milán; allí, Simón Bolívar hizo su famoso juramento[9] sobre el Monte Sacro de Roma y se preparó para la liberación de América. Se inició la emancipación hispanoamericana del imperio español y se concretó la independencia de Bolivia, Colombia, Ecuador, Panamá, Venezuela y Perú. Bolívar fundó la 20 Gran Colombia, de la cual fue presidente.

▶032
CD1-32
Resumen de su Gesta Emancipadora en Venezuela: Después de una breve visita a los Estados Unidos, en 1807 Bolívar regresó a Venezuela. Napoleón instaló a su hermano José como Rey de España y se inició la *Guerra de la Independencia Española*, también llamada *Guerra Peninsular*. En América y España se formaron juntas regionales para luchar contra el 25

nuevo rey. La junta de Caracas declaró su independencia de España y Bolívar fue enviado a Inglaterra en una misión diplomática. Regresó a Venezuela y en 1811 dio su discurso a favor de la independencia americana. El 24 de julio de 1812 huyó a Cartagena y escribió su famoso *Manifiesto de Cartagena*[10], solicitó ayuda para la liberación de Venezuela y recibió el apoyo. En 1813 invadió Venezuela y el 23 de mayo el pueblo lo nombró el *Libertador*. Bolívar *30* proclamó la "guerra a muerte"[11] en favor de[12] la libertad, tomó Caracas y después proclamó la Segunda República Venezolana.

▶033
CD1-33   En 1815 Bolívar huyó a Jamaica y escribió su *Carta de Jamaica*. Viajó a Haití y solicitó ayuda para la causa hispanoamericana[13]. Recibió apoyo y en 1817 regresó para continuar su lucha. En 1819 ganó la Batalla de Boyacá. Creó el Congreso de Angostura y se fundó la *35* *Gran Colombia* con las repúblicas de Venezuela, Colombia, Panamá y Ecuador. El 24 de junio de 1821 participó en la Batalla de Carabobo consolidando la independencia de Venezuela. En 1823, comandó la invasión de Perú. En 1824, acompañado de Antonio José de Sucre, derrotó al ejército español en la Batalla de Junín. El 6 de agosto de 1825, Sucre organizó el Congreso del Alto Perú y se creó la República de Bolivia en su honor. Bolívar *40* creó el Congreso de Panamá, la primera conferencia hemisférica. La destacada figura de Bolívar le creó rivalidades con los políticos que gobernaban Venezuela. Se marchó a Santa Marta, Colombia, donde enfermó de tuberculosis[14] y murió el 17 de diciembre de 1830.

▶034
CD1-34   Bolívar expresó su amargura por no haber logrado el objetivo de unir a la nueva patria y en su último manifiesto expresó: *¡Colombianos! Mis últimos votos son por la felicidad de* *45* *la patria. Si mi muerte contribuye para que cesen los partidos y se consolide la unión*[15]*, yo bajaré tranquilo al sepulcro*[16]. Sus restos están en el Panteón Nacional de Caracas[17] (Venezuela).

▶035
CD1-35   Simón Bolívar, lejos de[18] ser un conquistador, fue considerado como un verdadero Libertador, y así fue llamado por el pueblo. Logró en su tiempo la admiración de hombres *50* como Lord Byron, cuya embarcación, un velero[19], fue bautizado con su nombre.

1 **Hombre de América** 南米の偉人
2 **liberación** 解放
3 **destacada figura** 著名人
4 **legado** 遺産
5 **quedó huérfano** 孤児になった **quedar**＋補語
（とくに悪い状態になる）☞第10課を参照
6 **Batallón de Milicias** 民兵大隊
7 **virrey** 副王
8 **el manejo de temas** 課題の遂行
9 **juramento** 宣誓
10 **Manifiesto de Cartagena** カルタヘナ憲章

11 **guerra a muerte** 死闘、命がけの戦い
12 **en favor de ...** …のために
13 **causa hispanoamericana** スペイン系アメリカの大義、主義主張
14 **tuberculosis** 結核
15 **para que** のあとは接続法、この場合は接続法現在。
16 **sepulcro** 墓
17 **Panteón Nacional de Caracas** 国立カラカス霊廟
18 **lejos de ...** …とはかけ離れた
19 **velero** 帆船

🌸 Responde las siguientes preguntas con oraciones completas:

1) ¿Quién fue Simón Bolívar?

2) ¿En qué año y lugar conoce Bolívar al Virrey de Nueva España?

3) ¿Dónde, y en qué año Bolívar contrajo matrimonio?

4) ¿En qué año y dónde presenció Bolívar la proclamación del emperador Napoleón?

5) ¿Qué hizo Simón Bolívar en Italia?

6) ¿Qué sucedió con Simón Bolívar en el año 1807?

7) ¿Cómo llamó a Simón Bolívar su pueblo?

8) ¿Qué sucedió el 24 de julio de 1812?

9) ¿Cuándo se fundó la Gran Colombia y qué repúblicas la conformaron?

10) ¿Por qué Bolívar expresaba amargura?

❖ **Resumen** ❖

▶036 CD1-36 Simón Bolívar nació el 24 de julio de 1783 en Caracas. Es conocido como (
) de los países americanos. Dejó un legado político en diversos países latinoamericanos y ha recibido honores en varias partes del mundo (   ), parques y plazas. A los 14 años ingresó al Batallón de Milicias y se marchó a España y en 1799, en Ciudad de México, conoció al virrey de Nueva España.

Se casó en Madrid el 26 de mayo de 1802, pero al año siguiente su joven esposa murió y Bolívar estaba (   ). En 1804, viajó por Europa y asistió a la proclamación de Napoleón Bonaparte como Emperador de Francia. En Italia, Simón Bolívar hizo su famoso juramento y (   ). Se inició la emancipación hispanoamericana del imperio español y se concretó la independencia de Bolivia, Colombia, Ecuador, Panamá, Venezuela y Perú. Bolívar fundó la Gran Colombia.

Napoleón instaló a su hermano José como Rey de España y (
). En América y España se formaron juntas regionales para luchar contra el nuevo rey. La junta de Caracas declaró su independencia de España y Bolívar fue enviado a Inglaterra en una misión diplomática. Regresó a Venezuela y en 1811 dio su discurso (
). Escribió su famoso "Manifiesto de Cartagena", y en 1813 invadió Venezuela para proclamar la independencia y la libertad.

En 1815 Bolívar huyó a Jamaica y escribió su "Carta de Jamaica". Viajó a Haití y recibió apoyo y en 1817 regresó para continuar su lucha. En 1819 ganó la batalla y creó el Congreso de Angostura y (   ) con las repúblicas de Venezuela, Colombia, Panamá y Ecuador. El 24 de junio de 1821 participó en la Batalla de Carabobo, consolidando la independencia de Venezuela. En 1823, comandó la invasión de Perú. En 1824, acompañado de Antonio José de Sucre, derrotó al ejército español. El 6 de agosto de 1825, Sucre organizó el Congreso del Alto Perú y se creó la República de Bolivia en su honor. (
), la primera conferencia hemisférica. La destacada figura de Bolívar creó rivalidades con los políticos que gobernaban Venezuela. Se marchó a Santa Marta, Colombia, donde (   ) de tuberculosis y murió en 1830. Bolívar no pudo lograr el objetivo de unir América Latina como Gran Colombia.

■ **Gramática** —文法の基礎と展開 ■

再帰動詞の盲点

① 叙述補語をとる再帰動詞

Nunca la he visto cantar enfrente de todos.
私は彼女がみんなの前で歌っているのを一度も見たことがない。

El maestro miraba a los alumnos tomando el examen.
先生は生徒たちが試験を受けているのを見ていた。

Es la primera vez que la hemos visto sociable en una fiesta.
私たちは彼女がパーティーでそんなに社交的であるのをはじめて見た。

María se vio obligada a comprar la lotería del fútbol.
マリアはサッカーくじを買うことを余儀なくされた。

練習1 次の日本語をスペイン語に訳しなさい。

1) 総選挙では私たちは野党に賛成票を投じることを余儀なくされるだろう（verse を用いて）。

2) 生徒たちは自分たちに自信を感じた（sentirse を用いて）。

3) 大統領の妻は、自分がその国で最も魅力的で上品であると信じ切っているが、みんなはその逆のことを考えている（creerse を用いて）。

② 自動詞的な再帰動詞

Se abrió la puerta.
ドアが開いた。

← El hombre abrió la puerta.
その男はドアを開けた。

練習2 次の日本語をスペイン語に訳しなさい。

1) ある日、窓ガラスが割れていることに、私は気づいた。

2) 部屋の明かりがついたと思えば、すぐに消えた。

3) すぐに傷口がふさがってよくなった（cerrarse, curarse を用いて）。

③ quedar と quedarse

Queda una piña en la nevera.

冷蔵庫に一つのパイナップルが残っている。

¡Quédate en casa!

家に居てください。

quedar は「残る、残っている」で、quedarse は人が「とどまる」の意味。

練習3 次の日本語をスペイン語に訳しなさい。

1) 今日はどこで落ち合いましょうか？

2) 私たちは、試験が始まるまでにまだ1週間残っている。

3) パンデミックのおかげで、この3週間、家にずっといた。

·❧· **Un poco más** コラム ·❧·

シモン・ボリバル

　ラテンアメリカのスペイン語諸国はキューバとドミニカ共和国を合わせると、18か国である。その国土は大小さまざまであるが、日本より大きいのはメキシコ、アルゼンチンなど7か国に過ぎない。つまり、日本よりも小国が多いことがわかる。歴史上、このようなラテンアメリカ地域の統合が重視されてきた。それはスペインからの独立とアメリカによる政治的、経済的支配に対して、単一国としてのパワーが脆弱であるため、一丸となって連帯する必然性があったからである。19世紀初頭、ナポレオン支配下のスペインでゲリラ戦争が展開され政治的混迷を極めていたときに、シモン・ボリバルはグランコロンビアという独立国家を構想していたが、その実現には至らなかった。キューバ独立の父であるホセ・マルティも「われわれのアメリカ」（Nuestra América）を提唱し、米国帝国主義に対抗するためのラテンアメリカの連帯を訴えた。結局のところ、ボリバルやマルティの構想は今日に至るまで実現されていないが、メルコスールなどの地域統合の成立や、反米主義という伝統が根強く残っている点をふまえると、一国を越えた「連帯」の精神はまったく皆無ではない。

 Lección

6

HERNÁN CORTÉS

Hernán Cortés Monroy Pizarro Altamirano, marqués[1] del Valle de Oaxaca, fue un conquistador español con escasos medios[2], sin mucho apoyo pero con mucha inteligencia e intuición[3] militar que tenía como meta aumentar el dominio español del territorio azteca (México) y conquistar su esplendoroso imperio. Nació en 1485 en la ciudad de Medellín, Corona de Castilla (Badajoz, al oeste de España). A los 14 años su padre lo envía a 5 Salamanca (España) para estudiar leyes, pero no hay seguridad de que tuviera estudios[4]. Allí permaneció 2 años y trabajó con un escribano (notario)[5]. Cortés, aventurero de espíritu, intentó embarcarse en la expedición hacia el *Nuevo Mundo, Las Indias*[6], pero no fue aceptado.

A los 19 años se estableció en[7] Azua de Compostela, isla de La Española[8] (hoy Santo 10 Domingo) y trabajó como notario. En 1511 se unió a[9] la expedición a Cuba dirigida por[10] *Diego Velázquez*, de quien[11] fue su secretario y se casó con su cuñada, Catalina Juárez. Su esposa murió en extrañas circunstancias y Cortés fue acusado de asesinarla. Aun así, Velázquez lo nombró alcalde de la nueva ciudad de Santiago y lo colocó al mando[12] de una expedición hacia Yucatán. Las relaciones entre Cortés y Velázquez no estaban claras. 15 Surgían rumores de conspiración y traición. Velázquez relevó[13] a Cortés como jefe de la expedición y este desobedeció la orden y el 10 de febrero de 1519 zarpó[14] desde Cuba hacia Yucatán (México) como Capitán General de un contingente[15] compuesto por[16] 600 hombres, 11 barcos, 16 caballos y 14 piezas de artillería[17]. Llegó a Cozumel, donde encontró la gran pirámide y la población maya a la que sometió[18]. Rescató a varios guerreros españoles que 20 habían sido hechos prisioneros. Los indígenas le dieron regalos, entre ellos la india *Malinche,* quien sería su amante, consejera e intérprete de los idiomas indígenas que dominaban a lo largo del territorio[19]. Con ella tuvo un hijo, *Martín Cortés Zúñiga.*

Cortés fundó la villa de Santa María de la Victoria, la primera población de España en la región y una de las primeras en el continente. En la costa del golfo de México fundó la 25 ciudad de Veracruz, llamada Villa Rica de la Vera Cruz. Cortés conocía de la existencia del rico Imperio Azteca y se apresuró a[20] su conquista. Era evidente la inferioridad numérica de sus hombres ante la gran población indígena por lo que tomó previsiones[21] para evitar que su ejército escapara[22] y hundió sus barcos en Veracruz. Así nació la frase que lo identificaba: *quemar las naves*, la toma de una determinación irrevocable[23]. La conquista de la cultura mexica era una tarea difícil por lo que Cortés hizo alianza con algunos pueblos indígenas: los toltecas y tlaxcaltecas. Con la ayuda de los totonocos conquistó Tlaxcala, llegó a Tenochtitlán y el emperador *Moctezuma II* lo recibió y alojó en su ciudad.

▶ 040
CD1-40

Diego Velázquez quiso que Hernán Cortés se volviera a Cuba y envió una expedición en su contra al mando de[24] *Pánfilo de Narváez,* quien atacó las guarniciones[25] situadas fuera de la ciudad mexica[26]. En 1520 Cortés lo derrotó y gran parte del contingente enviado para atacarle se le[27] unió y comenzó a realizar conquistas en nombre del rey[28]. El lugarteniente[29] de Cortés, a quien había dejado al mando, realizó una matanza de los mexicas quienes se rebelaron contra Moctezuma II. Cortés obligó al emperador a enfrentar a su pueblo. El líder azteca recibió una pedrada[30] y murió. Los españoles fueron expulsados de la ciudad sufriendo grandes pérdidas. En 1521 Cortés reorganizó sus fuerzas, regresó y logró retomar Tenochtitlán. Nació una nueva población[31], construida sobre las ruinas: la Ciudad de México que empezó a consolidarse con los colonos españoles[32], convirtiéndose en[33] el centro de Hispanoamérica. En 1523 el *Rey Carlos I de España* nombró a Cortés Gobernador y Capitán General de la Nueva España. Los españoles consideraban que Cortés tenía mucho poder y fue obligado a regresar a España (1528).

▶ 041
CD1-41

En 1529 Cortés regresó a México con limitaciones y supervisión de sus actividades, pero siguió explorando América Central y viajó al rico territorio Las Hibueras, actual República de Honduras. Descubrió la península de Baja California[34]. En enero de ese año la Malinche fue asesinada y Cortés regresó a España donde le otorgaron el título de Marqués del Valle de Oaxaca. Hernán Cortés se casó por segunda vez y tuvo un nuevo descendiente que se suma a sus hijos ilegítimos. Afectado de una enfermedad pulmonar, pleuresía[35], murió en su casa de Castilleja de la Cuesta (Sevilla-España), el 2 de diciembre de 1547, cuando deseaba volver a América[36] para disfrutar de[37] las riquezas logradas. Sus restos reposan en la *Iglesia de Jesús Nazareno* del Hospital de Jesús localizado en el Centro Histórico de Ciudad de México (México).

1 marqués　侯爵

2 medios　資産、財産

3 intuición　直感、洞察力

4 接続法過去完了が出てくる理由は何かを考えよう。
　☞接続法については第7、13課で扱う。

5 escribano, notario　書記官

6 Nuevo Mundo　「新世界」とは旧大陸であるヨーロッパに対する地理的概念である。また、**Las Indias** とは、中南米が **América** と呼ばれる以前の呼称であり、そこの住民を **indios** と呼んだ。

7 establecerse en …　…に定住する
　(= instalarse en …)

8 La Española　イスパニョーラ島（現在、ドミニカ共和国とハイチのあるキューバ島に次いで大きなカリブ海の島）

9 unirse a …　…に加わる（= participar en …）

10 dirigida por …　…に指揮された

11 quien　誰を指すかを考えること。

12 mando　指揮

13 relevar　罷免する

14 zarpar　出航する

15 contingente　分遣隊、招集兵

16 compuesto por …　…で編成される

17 piezas de artillería　大砲〜門

18 someter a …　…を服従させる

19 a lo largo de …　…にわたって

20 apresurarse a …　急いで…する

21 previsiones　対策（= medidas）

22 escapara　escapar の接続法過去になる理由を考えること。

23 irrevocable　撤回できない

24 enviar una expedición en su contra al mando de …　対抗して…率いる遠征隊を送る

25 guarnición　守備隊、護衛隊

26 mexica　メシカ族（メキシコ盆地のテスココ湖の浮島にテノチティトランとトラテロルコの都市を建設した。これが現在のメキシコ市に当たり、メキシコの国名はここから由来すると言われている）

27 le　は誰を指すかを考えよう。

28 en nombre del rey　王の名のもとに、王に代わって

29 lugarteniente　副官

30 pedrada　投石

31 población　集落、市・町・村落

32 colonos españoles　スペイン人入植者

33 convertirse en…　…になる

34 Baja California　現在の米国カリフォルニア州は当時 Alta California と呼ばれた。

35 pleuresía　肋膜炎

36 América　この場合、スペイン語では中南米を指す。

37 disfrutar de …　…を享受する

❧ Responde las siguientes preguntas con oraciones completas:

1) ¿Quién fue Hernán Cortés?

2) ¿Cuál era su meta?

3) ¿A qué edad y a dónde fue enviado a estudiar?

4) ¿Hacia dónde iba la primera expedición donde participó y quién la dirigía?

5) ¿Cómo se llamaba su primera esposa y cómo murió?

6) ¿Cuál fue el primer cargo dado a Cortés y qué le encomendaron?

7) ¿Hacia dónde organizó Cortés su primera expedición y con qué contaba?

8) ¿Cómo se llama el sitio de llegada y qué encontró allí?

9) ¿Quién era Moctezuma II?

10) ¿Quién era "La Malinche"? ¿Cómo se llamó su hijo y en qué año murió?

❖ **Resumen** ❖

▶042
CD1-42
Hernán Cortés fue un conquistador español que nació en 1485 en la ciudad de Medellín, Corona de Castilla. Cuando tenía 14 años, fue a estudiar leyes en Salamanca. Permaneció allí y trabajó como escribano. Después Cortés intentó embarcarse en la expedición, pero no fue aceptado. A los 19 años se instaló en Azua de Compostela, isla de La Española y en 1511 se unió a la expedición a Cuba (   ) por Diego Velázquez. Se casó con la cuñada de Velázquez, Catalina Juárez, pero ella (   ) en extrañas circunstancias y Cortés fue acusado de matarla. Aun así, Cortés fue nombrado alcalde de Santiago, Yucatán. Velázquez relevó a Cortés como jefe de la expedición, pero Cortés no le obedeció y zarpó a Yucatán para someter a la población maya. Rescató varios guerreros españoles que (   ) prisioneros. Los indígenas le (   ) regalos entre ellos la india "Malinche", quien era su amante, consejera e intérprete de los idiomas indígenas. Con ella tuvo un hijo.

Cortés fundó la ciudad de Veracruz, llamada Villa Roca de la Vera Cruz. Cortés (   ) conquistar el Imperio Azteca. Ante la gran población indígena Cortés hundió sus barcos para evitar que su ejército (   ). Cortés atacó y derrotó la expedición de Pánfilo de Narváez que se (   ) desde Cuba. Realizó la matanza de los mexicas, quienes se rebelaron contra Moctezuma. Moctezuma murió por una pedrada. En 1521 Cortés logró retomar Tenochtitlán. Aquí fue construida una nueva población que ahora se llama Ciudad de México. En 1529 Malinche fue asesinada. Le otorgaron a Cortés el título de Marqués. En 1547 murió de pleuresía en Sevilla.

•❀━ **Un poco más** コラム ━❀•

エルナン・コルテス

　1492年にコロンブス（コロン）が現在のカリブ海の島々を発見して以来、多くのコンキスタドール（征服者）がいわゆる新大陸で入植活動を進めていった。その過程は決して平和裏にではなかったというのが通念となっている。コンキスタドールの中でも有名なのがアステカを壊滅させたヌエバ・エスパーニャ（現在のメキシコ）の総督を務めたエルナン・コルテスと、インカ帝国を崩壊させたフランシスコ・ピサロであった。彼らの一般的な特徴としては、長子相続制の恩恵を受けなかった次男以下の概して裕福な階層出身で、新大陸への渡航の費用を捻出できる者であった。また、現地では金銀の採掘のために先住民を酷使することをいとわなかった。やがてこのような横行がスペイン王室にとって危険視されると、彼らは抑圧の対象となっていった。スペイン王室の新大陸植民地政策が確立される前の過渡期だったからこそ、コンキスタドールは国家に代わる用心棒として、その存在意義があったのかもしれない。

■■ **Gramática** —文法の基礎と展開 ■■

I 点過去と線過去

スペイン語の過去形には、**点過去**と**線過去**がある。

点過去とは、完了過去のことであり、その時点でその動作は明確に終わっている。そのため、過去の一時点を示す言葉（例えば、hace 5 años, en 2020, ayer など）が文中に含まれていれば、原則、点過去である。ただし、コンテクストによってはこの法則があてはまらない場合があるので、注意しなければならない。

線過去とは、未完了過去のことであり、その特徴として、過去の動作の継続、習慣、動作が完了したかどうかが不明、過去の回想、物語的な婉曲などが挙げられる。

練習1 点過去か線過去に変化させなさい。

1) Cuando yo (ser:　　　　　) niña (ir:　　　　　　) a visitar a mis abuelos todos los veranos.

2) Ayer, cuando nosotros (ir:　　　　　) a la universidad, (haber:　　　　　) un accidente de tren. (ser:　　　　　) a las diez menos cinco.

3) Antes (haber:　　　　　) pocas cafeterías en esta calle.

4) Mientras Rosa (leer:　　　　　) una novela, sus amigos (escuchar:　　　　　) música.

5) Las últimas clases (terminar:　　　　　) la semana pasada.

6) Patricia (vivir:　　　　　) en México en 2000.

7) Patricia (estudiar:　　　　　) en México diez años.

8) Patricia (vivir:　　　　　) en México cuando (nacer:　　　　　) su hijo.

9) ¿Qué (hacer/ tú:　　　　　) cuando te (llamar/yo:　　　　　)?

10) ¿Cómo se (llamar:　　　　　) esa chica? No recuerdo su nombre.

Ⅱ 過去完了

過去完了とは、過去の一時点を基準として、「それまでに〜していた（〜し終わった）」という過去における完了行為を表す。**現在完了**が現在を基準として、「現在までに〜している（〜した）」というのと対比して考えればわかりやすい。

・Rescató a varios guerreros españoles que **habían sido** hechos prisioneros.
  彼は捕虜にされた数人のスペイン人兵士を救出した。

・El lugarteniente de Cortés, a quien **había dejado** al mando, realizó la matanza de los mexicas.
  指揮権を与えられていたコルテスの副官がメシカ族の虐殺を実行した。

練習2 次の下線部の動詞を点過去形にする際に、太字の動詞の時制も変化させて、全文を書き換えなさい。

1) Cuando el concierto <u>empieza</u>, todavía no **han** llegado mis amigos.

2) <u>Creo</u> que mi padre ya **ha** vuelto del viaje de negocio.

3) Manuel ya se **ha** acostado cuando lo <u>llama</u> Eric.

練習3 次の日本語をスペイン語に訳しなさい。

1) 夏祭りが終わったので広場にはほとんど人はいなかった。

2) 太郎はグラナダに行ったことがあると私に言った。

3) 私が帰宅したときには、もう真夜中頃（alrededor de la medianoche）だった。

LA DIETA MEDITERRÁNEA

▶043 CD1-43 La **Dieta Mediterránea**[1] es un legado cultural e histórico que representa un estilo de vida propio de los países situados al sur de Europa, en la cuenca del Mediterráneo[2]. Estos países son España, Portugal, Italia, Grecia y Marruecos; países que en el tiempo y el espacio lograron combinar y utilizar equilibradamente productos frescos e ingredientes típicos, tanto de origen vegetal como animal para obtener un modo de alimentación completo, saludable, 5 beneficioso para el cuerpo humano y además, altamente gustoso.

▶044 CD1-44 La gastronomía mediterránea es la combinación de recetas y técnicas culinarias[3] de preparación que han adoptado los países bañados[4] por el Mar Mediterráneo para la elaboración de sus platos típicos, sean estos saludables o no[5], permitiendo identificar elementos y puntos comunes entre sus diferentes culturas culinarias. 10

▶045 CD1-45 La dieta mediterránea nació a lo largo de la costa del Mar Mediterráneo, de allí su nombre, punto de origen de las grandes y antiguas civilizaciones que cruzando el mar, intercambiaron culturas, interrelacionaron productos, alimentos, formas de producirlos, cocinarlos y consumirlos. Desde estos países, llamados el *Viejo Mundo*, partieron expediciones para descubrir el *Nuevo Mundo* (América) lo que generó el intercambio y 15 adopción de nuevos alimentos que se sumaron a las viejas tradiciones. Así, en los pueblos mediterráneos con hábitos, culturas y paisajes diferentes y con semejantes características climáticas, se delimitó[6] el área de incidencia[7] de la dieta mediterránea tomando los tres elementos comunes y básicos de su cocina: el olivo (aceitunas), en la extensión ocupada por estas plantaciones de donde obtienen el imprescindible[8] aceite de oliva; la zona ocupada por 20 plantaciones de trigo (harina), base para el pan y la pasta; y las plantaciones de uva de donde sacan el vino.

▶046 CD1-46 Esta dieta ha utilizado sus ingredientes de forma equilibrada[9] por lo que ha sido considerada como saludable y nutritiva[10] para nuestro organismo, por consiguiente[11] beneficiosa para la salud. Además de los ingredientes arriba citados, entre los que destaca el 25 aceite de oliva, bien llamado *oro líquido* por ser una fuente de vitaminas, es muy amplio el consumo de proteínas (leche, huevos, pescados y carnes). En cuanto a[12] los pescados (especialmente los azules, ricos en Omega 3[13]) y mariscos, hay una gran variedad entre los pueblos costeros. Se consumen mayormente marinados[14] y aderezados[15] con ricas hierbas aromáticas estando siempre presente el aceite de oliva. En cuanto a las carnes, abundan las   *30* de cordero y cerdo. La primera se consume mayormente cocinada y la segunda en embutidos[16], también se consumen las aves de corral[17] y las carnes rojas se toman en pocas proporciones. Los alimentos de origen vegetal como verduras, legumbres[18], frutas y frutos secos[19], junto con el arroz (paellas y risottos), tienen una presencia abundante y son utilizados de forma individual o combinados. Esta comida es acompañada diariamente con el consumo   *35* moderado del vino.

▶047
CD1-47

Actualmente se considera que la dieta mediterránea está siendo abandonada a pesar del interés general sobre el tema gastronómico. Los cambios sucedidos en el mundo globalizado han traído nuevas costumbres y hábitos alimentarios. Esta dieta ha permitido conocer la interrelación entre culturas, es una de las más admiradas en el mundo y ha sido reconocida   *40* como beneficiosa para la salud. Representa un elemento cultural identificativo de una región con vida propia que ha sabido entrelazar[20] y relacionar a través de su cocina, su historia, su arte y su forma de vida. Hay motivos considerados y evaluados en el año 2013 por la UNESCO que declaró e inscribió a la *dieta mediterránea* como uno de los elementos de la lista Representativa del *Patrimonio Inmaterial de la Humanidad*[21]. Se busca[22] así   *45* salvaguardar lo que ella representa para el mundo.

1 La dieta mediterránea　地中海食
2 cuenca del Mediterráneo　地中海沿岸
3 culinarias　調理の
4 bañados　（海に）接する
5 sean estos saludables o no　接続法になっていることに気を付けて訳すこと。
6 delimitarse　〜の境界を定める
7 incidencia　影響
8 imprescindible　不可欠の、絶対必要な
9 de forma equilibrada　バランスよく
10 nutritiva　栄養になる
11 por consiguiente　結果として
12 en cuanto a ...　…に関して
13 los azules, ricos en Omega 3　青魚にはオメガ3脂肪酸が多く含まれている

14 marinado　マリネ（= escabeche, adobo）
15 aderezado　調味された
16 embutidos　ソーゼージ、腸詰め
17 aves de corral　家畜用の鶏（= gallina）
18 legumbres　豆類
19 frutos secos　ドライフルーツ
20 entrelazar　組み合わせる
21 Patrimonio Inmaterial de la Humanidad　世界無形遺産（inmaterial = intangible）
22 se busca salvaguardar　se は無人称あるいは受け身。buscar + 不定詞「〜しようとする、〜を試みる」

🍀 Responde las siguientes preguntas con oraciones completas:

1) ¿Qué es la dieta mediterránea?

2) ¿Qué es la gastronomía mediterránea?

3) ¿Dónde nace la dieta mediterránea?

4) ¿Cómo se delimita el área de incidencia de esta dieta?

5) ¿Cuáles son los elementos comunes de esta dieta?

6) ¿Cómo se conoce al aceite de oliva?

7) Cite una característica de la dieta mediterránea.

8) ¿Qué otros ingredientes se utilizan en la dieta mediterránea?

9) ¿Qué bebida acompaña diariamente a la comida mediterránea?

10) ¿Qué organismo y en qué año se declara la dieta mediterránea como Patrimonio Inmaterial de la Humanidad?

❖ **Resumen** ❖

▶048 CD1-48 La Dieta Mediterránea es una forma de alimentación nacida en los países situados ( ) o países al sur de Europa y norte de África tales como España, Portugal, Italia, Grecia y Marruecos. En esta área, ( ), lograron obtener un modo de alimentación completo, saludable, beneficioso para el cuerpo humano y muy gustoso.

Los países alrededor del Mediterráneo han adoptado la combinación de recetas y técnicas cuando elaboran sus platos típicos para que sean saludables, y lograron identificar elementos y ( ) entre sus distintas culturas de cocinas.

Hace muchos siglos, en los alrededores del Mediterráneo, donde se originó la civilización antigua que cruzando el mar ( ) al mismo tiempo que se importaban o exportaban sus productos y alimentos. Después de la conquista del Nuevo Mundo los pueblos mediterráneos adoptaron los nuevos alimentos a la comida mediterránea. Hay tres puntos comunes y básicos de su cocina: El aceite de oliva, la harina de trigo y el vino.

Esta dieta ha usado ingredientes saludables y ( ), sobre todo el aceite de oliva que se llama "Oro líquido" por ser una fuente de vitaminas.

La dieta mediterránea es admirada en el mundo y reconocida como una comida beneficiosa y saludable. En 2013 la dieta mediterránea fue declarada por la UNESCO como ( ).

❖ **Gramática** —文法の基礎と展開 ❖

Ⅰ 形容詞節の場合の直説法と接続法の区別 (1)

特定の名詞を先行詞とする形容詞節の動詞が直説法で、不特定の名詞を先行詞とする形容詞節の場合が接続法とは限らない。それが確実かどうか（実在か、既知か、事実かどうか）で決まる。

確実→直説法　　　不確実→接続法

Buscamos un hotel que no esté lejos de la terminal de autobuses.
（バスターミナルから近いホテルがあるかどうかが「不確実」→接続法）

¿Hay un hotel que no esté lejos de la terminal de autobuses?
（バスターミナルから近いホテルがあるかどうかが「不確実」→接続法）

Hay un hotel que no está lejos de la terminal de autobuses.
（バスターミナルから近い不定のホテルがあるのは「確実」→直説法）

El Hotel Mirador que no está lejos de la terminal de autobuses no es tan caro.
（ホテル・ミラドールは、バスターミナルから近い特定のホテルなので「確実」→直説法）

練習1 直説法現在形か接続法現在形のいずれかに変化させなさい。

1) Mi gato siempre (dormir:) en el corredor que (dar:) al jardín.

2) Quiero tener un gato que (jugar:) conmigo.

3) Los estudiantes de primer año quieren aprender un idioma que (ser:) fácil de pronunciar.

4) Todavía no he preguntado a María sobre ese asunto pero me interesa la opinión que (tener:).

5) Te (gustar:) o no, hoy voy a preparar pescado con verduras. Aunque no (ser:) tu comida preferida, es la única que tenemos en casa.

練習2 次の意味の違いを説明しなさい。

1) Estoy enamorada de un hombre que es muy inteligente y amable, y que me ama y respeta mucho.

2) Quiero enamorarme de un hombre que sea muy inteligente y amable, y que me ame y respete mucho.

3) Queremos comprar el piso que tiene vistas a la calle.

4) Queremos comprar un piso que tenga vistas a la calle.

Ⅱ 形容詞節の場合の直説法と接続法の区別 (2)

先行詞が否定語の場合は、必ず接続法になる。

否定語→接続法

Hay muchas madres que **se han divorciado** en este país.

この国には離婚した多くの母がいる。

No hay muchas madres que **se hayan divorciado** en esta ciudad.

この都市には離婚した母はそれほど多くない。

No hay ninguna madre que **se haya divorciado** en ese pueblo.

この村には離婚した母は誰一人いない。

練習3 直説法現在形か接続法現在形のいずれかに変化させなさい。

1) No podemos encontrar ningún libro que nos (interesar:).

2) Además de mí, no conozco a nadie que (saber:) hablar italiano.

3) Además de mí, conozco a alguien que (saber:) hablar italiano.

4) No necesito una joven que me (ayudar:).

5) Hay un lugar que (tener:) buenas vistas.

⋯✦— **Un poco más** コラム —✦⋯

地中海食

　2013 年にユネスコによって無形文化財に認定されたが、地中海食には国の境界はない。しかし、WHO（世界保健機構）の統計によると（2016 年）、男女の平均寿命の最も高い国は 84.2 歳の日本、次に、スイス、スペインと続く。同じ地中海諸国でもイタリアは 7 位、ポルトガルは 18 位、ギリシアは 23 位、モロッコは 58 位となっている。肉食が中心のイメージで見られているアメリカは 34 位だ。そしてスペインが 2040 年までに日本を上回る長寿国になるとも言われている。なかでもオリーブオイルの効果が指摘されているこの地中海食には、心臓病、糖尿病、がん、認知症などの病気の発症を少なくするものが豊富に含まれていると言われているが、詳しくは今後の研究成果を待たねばならない。ところで、スペインも日本と並んで喫煙者が多い国である。またワインの飲酒量も世界でも上位と言われているスペイン。もしこのあたりの健康管理にも配慮すれば、もっと寿命は延びると考えられるのだが。

Lección

8

EL TAMAL

▶ 049
CD2-01

El **Tamal** es una comida rápida y práctica que nace en la época precolombina, cuyo alto consumo ha perdurado[1] en la América Central y del Sur, conformando uno de los platos clásicos de la comida latina; elaborada con los propios y típicos estilos de cada país, ha llegado a formar parte de su identidad cultural. Generalmente se componen de masa[2] de maíz u otro ingrediente y, pueden ser rellenos[3] o no, envueltos en hojas de origen vegetal, maíz,   *5* plátano, aguacate e incluso en papel de aluminio o plástico para ser cocinados al vapor[4].

▶ 050
CD2-02

El significado de la palabra *Tamal* es "envuelto". Así llamaban a un plato indígena elaborado con un producto netamente[5] americano: el maíz. Su origen ha sido disputado por varios países pero la teoría de mayor fuerza y las evidencias encontradas ubican su presencia en la región Mesoamericana entre el 8.000 y 5.000 a.C. Estudios arqueológicos han   *10* demostrado que el maíz más antiguo fue encontrado en el área de Guatemala (8.000 a.C.). Historias sobre las culturas maya y azteca señalan que para adorar a sus dioses, hacían figuras de hombres con masa de maíz y después de que estas endurecían[6] se las ofrecían como ofrendas. También que los mayas precolombinos, durante el trabajo de campo, comían una especie de bola[7] de maíz hervida a la que llamaban "pozole". El maíz era parte de su vida   *15* cotidiana y el tamal parte de la cultura prehispánica. Los tamales servían como ofrendas que colocaban en tumbas, ceremonias y rituales[8] y eran dados como agradecimiento a sus sacerdotes[9]. Los aztecas los usaban en sus rituales religiosos como representación simbólica de la carne humana. La olla[10] donde los hervían era un símil[11] del vientre materno[12].

▶ 051
CD2-03

Fue después de la conquista cuando el maíz de la región central de México comenzó a[13]   *20* diseminarse por[14] el mundo. No hay evidencia desde y hacia donde fue la migración del Tamal, ni si fue de Norte a Sur (de México hacia Centro y Sur de América). Lo que sí[15] se conoce es que desde hace siglos representa un plato típico de alta consumición en muchos países de América Latina tales como México, Colombia, Venezuela, Chile, Cuba, Puerto Rico y también en varias islas del Mar Caribe como Cuba, Aruba[16], República Dominicana,   *25*

Curazao[17] y Trinidad y Tobago[18] y en gran parte de los Estados Unidos. Con diferentes rellenos o sin ellos, de los que hoy tenemos cerca de 6.000 variedades, esta especialidad culinaria[19] recibe múltiples denominaciones según el país o región donde se consumen.

▶052
CD2-04

Forma de elaboración y sus diferentes nombres: La base del tamal comúnmente es una *masa de harina de maíz* molido que le confiere[20] un sabor especial. Se le añade un poco *30* de manteca[21], aceite y caldo[22] para que quede suave. Su *relleno* es variado, y puede ser simple como un trozo de pollo o cerdo (cocido) o elaborado y cocinado con variados ingredientes[23]: carne condimentada[24] con verduras y hortalizas[25], frutos secos, aceitunas[26] y más. La masa se moldea[27], se rellena y se envuelve casi siempre en hojas de maíz secas, de plátano u otras plantas. Una vez limpia la hoja es humedecida[28] para hacerla manejable[29], se extiende la *35* masa, se agrega el relleno, se envuelven y amarran[30] y son cocinados al vapor durante un tiempo prudencial[31] de 30 minutos o más, dependiendo de su tamaño. Se cuece la masa y se calienta el relleno.

▶053
CD2-05

México: son llamados *tamales*. Es el país que posee mayor variedad y es el plato típico más importante de su dieta diaria, de consumo incalculable[32]. El tamal mantiene un lugar en *40* las fiestas populares. En noviembre celebran la *Feria Latinoamericana del Tamal* y también celebran la *Feria del Tamal* la semana antes del 2 de febrero para conmemorar el día de La Candelaria[33]. *Guatemala*: los llaman *tamales*. Es un plato integrado en sus tradiciones. Se consume en celebraciones y festividades, en especial en las decembrinas[34]. En el altiplano se elaboran con masa de arroz precocido[35] con agua y sal. *Belice*: son llamados *bollos* y se *45* envuelven en hojas de maíz o plátano, rellenos de pollo o cerdo y se acompañan con arroz y frijoles. *Venezuela*: llamados *hallaca*, es un plato tradicional consumido en las fiestas decembrinas. Es muy completo con masa de maíz sazonada[36] envuelta en hojas de plátano, relleno con guiso[37] de carnes, con alcaparras[38], aceitunas, pasas[39], pimentón[40], cebolla y ají dulce[41]. También hay tamales en Argentina, Honduras, Colombia, Costa Rica, Panamá, El *50* Salvador, Cuba, España y Estados Unidos, *hallaca o hayaca* en parte de Colombia, de Ecuador y de Cuba y *ayaka* en Curazao, Aruba y Bonaire[42]. En Nicaragua se llaman *nacatamal*, *pamonha* en Brasil y *pasteles de hoja* en Republica Dominicana. En Bolivia, Perú y Chile reciben el nombre de *humitas* si[43] son dulces y preparados con maíz tierno[44]. En Puerto Rico se conocen como *guanime*, y se hacen con maíz, azúcar y leche de coco. Así *55* observamos que el tamal es plato muy apreciado en diferentes países y culturas.

1 perdurar 存続する
2 masa 生地
3 rellenos 詰め物
4 al vapor 蒸す
5 netamente 明らかに
6 endurecían→endurecer 固める
7 bola 玉
8 ritural 儀式
9 sacerdotes 聖職者
10 olla 鍋
11 símil 類似
12 vientre materno 母親の胎内
13 comenzó a ... …し始める→comenzar = empezar
14 diseminarse por 拡散する
15 sí は強調。
16 Aruba アルバ島（ベネズエラ北西部沖のオランダ領の島）
17 Curazao キュラソー島（オランダ領）
18 Trinidad y Tobago トリニダッド・トバゴ（カリブ海上の島国で、ベネズエラ北東沖に位置する。首都ポートオブスペイン）
19 culinaria 料理の
20 confiere→conferir …を添える
21 manteca ラード
22 caldo 鶏肉などの煮汁
23 ingredientes 食材

24 condimentada 味付けされた
25 hortalizas 野菜 (= verduras)
26 aceitunas オリーブの実
27 moldear 型に入れる、形づくる
28 es humedecida→humedecer 湿らす
29 hacerla manejable hacer は使役、menejable 使いやすい、扱いやすい
30 amarran→amarrar 紐で結ぶ
31 prudencial 適切な
32 incalculable 計り知れない
33 el día de La Candelaria 聖母マリアの潔めの祝日（2月2日）
34 decembrinas 12月の
35 precocido 前もって調理された
36 sazonada 味付けした
37 guiso 煮込み
38 alcaparras ケイパー（フウチョウボクのつぼみの酢漬け）
39 pasas レーズン
40 pimentón パプリカ（パウダー）
41 ají dulce ピーマン、ビタミン含有量が多い。
42 Bonaire ボネール島（カリブ海南部、ベネズエラ沖合のオランダ領の島）
43 si は強調。
44 maíz tierno スイートコーン

🌸 Responde las siguientes preguntas con oraciones completas:

1) ¿Qué es El Tamal?

2) ¿Cuál es el significado de su nombre?

3) ¿Qué culturas demostraron haberlo utilizado?

4) ¿Cuál es la base para su elaboración?

5) ¿Para qué se utilizaban los tamales en la época precolombina?

6) ¿Qué representa en la actualidad para algunos países latinoamericanos?

7) ¿Cómo está compuesto un tamal?

8) ¿Qué es el tamal para México?

9) ¿Qué otros nombres reciben los tamales y en qué países? Cite al menos 2.

10) ¿Qué son "las humitas?

❖ **Resumen** ❖

▶ 054
CD1-06
El Tamal es una comida rápida y práctica que nace en la época precolombina, y en la América Central y del Sur, se realiza un (   ) de tamal. No solo es uno de los platos clásicos de la comida latina, sino también ha llegado a (

). Son diferentes los estilos típicos de tamal en cada país. Generalmente es cocinado con masa de maíz u otro ingrediente y pueden ser rellenos o no, envueltos en hojas de origen vegetal, maíz, plátano, aguacate e incluso en papel de aluminio o plástico para ser cocinados al vapor.

El significado de la palabra _tamal_ es "envuelto". Se originó en la región Mesoamericana entre el 8.000 y 5.000 a.C. El maíz (   ) en el área de Guatemala (8.000 a.C.). Los historiadores insisten en que para adorar a sus dioses hacían figuras de hombres con masa de maíz y se las ofrecían como ofrendas. También cuando trabajaban en el campo comían una clase de bola de maíz hervida a la que llamaban "pozole". El maíz era parte de su (   ) y el tamal parte de la cultura prehispánica. Los tamales eran ofrecidos como ofrendas y colocados en tumbas, ceremonias y rituales, y los aztecas los usaban en sus (   ) como representación simbólica de la carne humana.

Fue después de la conquista cuando el maíz de la región central de México (   ) por el mundo. Desde hace siglos el tamal existe como una comida típica de alta consumición en muchos países de América Latina y en gran parte de los Estado Unidos. Hoy tenemos (   ) y múltiples denominaciones.

La base del tamal comúnmente es una masa de harina de maíz molido. Se le añade un poco de manteca, aceite y caldo para que esté suave. Su relleno es variado, simple como un trozo de pollo o cerdo (cocido) o elaborado y cocinado con variados ingredientes. La masa se moldea, se rellena y se envuelve casi siempre en hojas de maíz secas, de plátano u otras plantas. Son cocinados al vapor (   ) de 30 minutos o más, hasta que se caliente el relleno.

■■ **Gramática** —文法の基礎と展開 ■■

Ⅰ 直接目的格人称代名詞と間接目的格人称代名詞

間接目的格人称代名詞（～に）　　me, te, le, nos, os, les

直接目的格人称代名詞（～を）　　me, te, lo/la, nos, os, los/las

目的格人称代名詞は動詞の直前に配置する。

2つ来る場合は、間接目的格＋直接目的格＋動詞、の順に配置する。

ただし、両方とも3人称である、le lo, le la, le los, le las, les lo, les la, les los, les las の場合は、間接目的格を **se** にかえて、se lo, se la, se los, se las となる。

練習1　目的格人称代名詞に変えて文を言いなさい。

1) Los Aztecas usaban los tamales en sus rituales religiosos.

→ Los Aztecas (　　　　　) usaban en sus rituales religiosos.

2) La masa confiere un sabor especial al tamal.

→ La masa (　　　　) (　　　　　　) confiere.

3) La señora vende un ramo de flores al cliente.

→ La señora (　　　　　) (　　　　　　) vende.

4) A mí (　　　　　　) interesa la historia de España.

5) Te doy mi teléfono.　→ (　　　　　) (　　　　　　) doy.

6) Desde la próxima semana vamos a empezar la clase de español.

→ (　　　　　) queda una semana para la clase de español.

練習2　関与・利害関係者を入れた文章に書き換えなさい。

1) Han robado la billetera.

→私が財布を盗まれた場合　　　＿＿＿＿＿＿＿＿＿＿＿＿＿＿＿

2) Se rompió la copa.

→マリアの不注意による場合　　＿＿＿＿＿＿＿＿＿＿＿＿＿＿＿

3) Compro estas zapatillas deportivas.

→自分自身が使うために買う場合　＿＿＿＿＿＿＿＿＿＿＿＿＿＿＿

Ⅱ 強調構文

下線部分が強調される。

① **Fue** el profesor Rodríguez **quien** me ayudó mucho en el estudio del español.（人が主格）

② **Era** a Mariko **a quien** le gustaba ir de viaje al extranjero.（人が目的格）

③ **Fue** esa la casa **que** le compró al final.（物が目的格）

④ **Fue** en la playa Carmen de la Península Yucateca **donde** por primera vez en mi vida hice submarinismo.（場所）

🔸**練習3** 　1～4の言葉を強調する場合、上のいずれの表現が適切か、変化させて入れなさい。

El gobernador manifestó su resignación a los ciudadanos en la rueda de prensa.

1) el gobernador

2) en la rueda de prensa

3) a los ciudadanos

4) su resignación

❖ **Un poco más** コラム ❖

タマル

　トウモロコシはラテンアメリカ料理の原材料として欠かせない。メキシコのタコスも、料理に使う食用油もトウモロコシから作られている。タマルは、トウモロコシの殻か、バナナの葉っぱで巻かれている。バナナはコロンブスの新大陸開拓以降、アフリカから連れてこられた奴隷たちがもたらした、バナナを原料とするラテン系の料理も多い。このように人類史上、人の移動とともに料理文化にも融合が見られた。メキシコを中心に、ラテンアメリカから米国への人の移動によって、米国社会でラテン系の料理が浸透していった。ところがミシシッピー流域では古くから黒人がタマーリー（英語読み）を好み、今日でも彼らの主食となっているようである。だが、その起源については諸説がある。20世紀初頭のメキシコ革命以降に大量のメキシコ人がアメリカへ流入してきたことが起因しているという説もあれば、この地域に住んでいたインディアンの主食はトウモロコシで、トウモロコシ文化はもともと存在していたという説など、さまざまである。

FERNANDO BOTERO

Hoy conoceremos a un artista figurativo hispanoamericano, de origen colombiano, destacado en la escultura, la pintura y el dibujo. Su actuación y estilo reflejan un tratamiento exagerado, tanto del tamaño como de las proporciones de sus expresivas figuras humanas y animales, que le ha permitido crear un estilo propio al que han llamado *boterismo*, representado por obras reconocidas mundialmente y diseminadas[1] por muchos países.   5

Fernando Botero Angulo nació en Medellín, Colombia, el 19 de abril de 1932. Tuvo dos hermanos. Inicia estudios primarios en 1938 y empieza el bachillerato en el Colegio Bolivariano. A los 12 años (1944), su tío lo lleva a la escuela de toreo en la Plaza de La Macarena. Un percance[2] con los toros lo lleva a dedicarse a[3] su vocación[4]: la pintura, creando su primera obra *Acuarela De Un Torero*[5], relacionada con el arte de torear. Su familia   10 reconoce que su deseo es ser artista y lo apoyan. A los 16 años, tiene su primera exposición en una galería de Medellín. Trabaja de ilustrador en el periódico "El Colombiano" para pagar sus estudios. Conoció sobre *Dalí* y *Picasso* y su escrito ilustrado sobre Picasso fue considerado obsceno[6]. Es expulsado del Colegio Bolivariano y termina sus estudios en el Liceo de la Universidad de Antioquia[7] (1950).   15

Botero viaja a Bogotá en 1951, se contacta con otros intelectuales y realiza dos exposiciones individuales. El producto de la venta de sus obras le permite viajar a Europa, donde vive cuatro años. Se establece en[8] Barcelona y marcha a Madrid, donde se inscribe en la Real Academia de Arte de San Fernando. Trabaja como pintor itinerante[9] en las afueras del Museo del Prado. Viaja a París y a Florencia y se inscribe en la Academia de San Marcos,   20 allí recibe influencias de los pintores del Renacimiento; sin embargo, por su corta estadía en estas academias, se dice que la formación artística[10] de Fernando Botero es autodidacta,[11] basada en la lectura, en su interés por visitar museos para conocer el arte y por su actividad pictórica.

En 1954 se casa con Gloria Zea, mujer dedicada al mundo del arte, fundadora del   25

Museo de Arte Moderno de Bogotá y Ministra de Cultura de Colombia. Relación que dura seis años y de la que nacen tres hijos. Viaja a Ciudad de México, Nueva York y Washington y es un período de prolija[12] producción creativa. Regresa a Bogotá (1958) y lo nombran docente[13] de la escuela de Bellas Artes de la Universidad Nacional de Colombia. Ese año gana el *X Salón de Artistas Colombianos* con la pintura *La Camera degli Sposi* que impulsó **30** su carrera y le permitió consolidarse como el pintor más importante de Colombia. Si bien Botero quiso realizar un homenaje al pintor renacentista *Andrea Mantegna* y a su obra *La Cámara de Los Esposo*s, su pintura fue duramente criticada al considerarla una caricatura. Aun así, después de la polémica, la obra de Botero logró entenderse por su calidad y poder visual. **35**

> 059
> CD2-11

En 1960 vuelve a Nueva York donde se instala[14] sin mucho éxito. Mantiene su estilo figurativo[15] que utiliza grandes formatos y colores fuertes. Crea series de pinturas interesantes, entre ellas *la Mona Lisa*, adquirida por el Museo de Arte Moderno de Nueva York (1962). Botero, ya estabilizado, se casa nuevamente (1964) con Cecilia Zambrano, con quien tiene un cuarto hijo, *Pedrito*. Tras la trágica muerte del niño que dejó una profunda **40** huella en su vida, después de nueve años de unión[16] se separa. A los tres años se casa con Sophia Vari (1978), una artista griega con quien vive hasta el presente entre diferentes ciudades y países: París, Pietra Santa (Italia), Ciudad de Mónaco y Nueva York.

> 060
> CD2-12

Fernando Botero desde 1973 incursiona[17] en la escultura mediante representaciones figurativas de personas y animales con exagerados tamaños y grandes proporciones, sin dejar **45** atrás[18] las consideraciones del artista sobre la realidad histórica y social de los pueblos. Sus exposiciones se realizan en todo el mundo y muchas de sus obras forman parte de áreas urbanas de ciudades y son observadas en avenidas, plazas y áreas públicas de países europeos y americanos como Argentina, Alemania, Chile, Colombia, España, Estados Unidos de América, Francia, Italia, Japón, México, Portugal, Puerto Rico, Rusia, Singapur y Suecia, **50** entre otros. Botero hoy día es uno de los artistas vivos que mantiene su vigencia[19] y creatividad, por ello es reconocido como uno de los artistas mejor cotizados[20] del mundo. Entre los años 2012 y 2016, varios países han celebrado homenajes en su nombre.

1 diseminado/a 広まった・普及した
2 percance 災難、不慮の出来事
3 dedicarse a ... …に従事する、専念する
4 vocación 職業
5 "Acuarela de un torero" 「闘牛士の水彩画」
6 obsceno/a わいせつな、みだらな
7 Liceo de la Universidad de Antioquia (Liceo Antioqueño) アンティオキア大学付属高校
8 se establece en ... establecerse (= residir, habitar) …に居住する、定住する
9 itinerante 移動の、巡回の
10 formación artística 美術教育、美術に対する素養

11 autodidacto/a 独習の
12 prolijo/a 冗漫な、入念な
13 docente 教育者
14 se instala→instalarse 居住する
15 figurativo 具象の、形象描写の
16 unión 婚姻関係
17 incursiona→incursionar 新しい分野に進出する
18 sin dejar atrás ... …を振り払わず、…を軽視せず
19 vigencia 効力
20 cotizado 価値のある、評価の高い

🍃 Responde las siguientes preguntas con oraciones completas:

1) ¿Quién es Fernando Botero?

2) ¿Cuándo y dónde nació?

3) ¿Por qué y a qué edad se inicia en la pintura?

4) ¿Cómo se llamó su primera pintura y cuál era el tema?

5) ¿En qué países de Europa vivió Fernando Botero durante cuatro años?

6) ¿Cómo se define la formación del artista y en qué se basa?

7) ¿Quién era y qué hacía Gloria Zea?

8) ¿Cuándo gana Botero el X Salón de Artistas Colombianos y con qué obra?

9) ¿Cómo se llama la serie adquirida por el MoMA de Nueva York? Diga el año.

10) ¿Cuándo comienza Botero a trabajar en la escultura y qué representa en ellas?

❖ **Resumen** ❖

▶061
CD2-13
Fernando Botero nació en Medellín, Colombia, el (   ). Empezó a estudiar en la escuela primaria en 1938 y estudió el bachillerato. Aunque (   ) a estudiar en una escuela de toreo, su familia reconoció que Fernando quería ser artista y lo apoyó. A los 16 años realizó su primera exposición en una galería de Medellín. Escribió sobre Picasso y realizó ilustraciones que fueron consideradas indecentes, por lo que fue expulsado de la escuela.

Botero (   ) Bogotá en 1951 y ganó dinero durante cuatro años para ir de viaje a Europa. (   ) en Barcelona y marchó a Madrid donde se inscribió en la Real Academia de Arte de San Fernando. Viajó a París y a Florencia y se inscribió en la Academia de San Marcos, allí recibió influencia de los pintores del Renacimiento, sin embargo, se dice que su formación artística es autodidacta.

En 1954 Botero (   ) Gloria Zea, mujer dedicada al mundo del arte, fundadora del Museo de Arte Moderno de Bogotá y Ministra de Cultura de Colombia, pero se divorció a los seis años. Viajó a Ciudad de México, Nueva York y Washington y regresó a Bogotá en 1958. Lo nombraron docente de la escuela de Bellas Artes de la Universidad Nacional de Colombia. Ese año ganó el X Salón de Artistas Colombianos con la pintura "La Camera degli sposi" que impulsó su carrera. Su pintura fue duramente criticada pero después de la (   ) la obra de Botero logró entenderse por su calidad y poder visual.

En 1960 empezó a establecerse en Nueva York. Se casó nuevamente, con Cecilia Zambrano, con quien (   ) Pedrito. Tras la trágica muerte del niño, después de nueve años de unión, se separó. (   ) se casa con Sophia Vari (1978), una artista griega con quien vive hasta el presente.

Fernando Botero desde 1973 (   ) mediante representaciones figurativas de personas y animales con exagerados tamaños. Sus exposiciones se realizan en todo el mundo y muchas de sus obras (   ) de ciudades. Botero es reconocido como uno de los artistas mejor cotizados del mundo.

▦ **Gramática** —文法の基礎と展開 ▦

動詞 llevar の用法

1) 運ぶ、持っていく、連れて行く

   Te **llevo** la maleta.　君にスーツケースを持ってあげるよ。

2) 積んでいる

   Ese tren **lleva** muchos productos tropicales.　その列車にはたくさんの南国の生産物が積まれている。

3) 身に付けている

   Llevo poco dinero en mi bolso.　私はバックにほとんどお金を持っていない。

4) 運転する

   Este chico **llevó** el coche hasta el aeropuerto.　この男の子が空港まで車を運転した。

5) 導く

   La pandemia **ha llevado** nuestras vidas a un camino sin salida.
   その伝染病はわれわれの生活を出口のない道へと導いた。

   El hambre **llevó** al pueblo a una guerra civil.
   空腹は国民を内戦へと導いた。

   La insatisfacción e indiganación de los pueblos les **llevó** a hacer una revolución.
   人民たちの不満と怒りは革命を引き起こした。

6) 〜している

   Llevo leídas veinte páginas del libro.　その本の 20 ページ分を私は読んだ。

7) 運営する、任務を負う

   Lleva la contabilidad de la empresa.　彼女はその会社の会計を担当している。

8) 時を過ごす

   Este restaurante **lleva** años aquí.　このレストランはここで数年やっている。

9) llevar + 時間 + 現在分詞（〜して…になる）

   Llevan seis años estudiando inglés.　彼らは英語を 6 年間勉強している。

10) リズムなどをとる

   Los chicos **llevaban** el rítmo con los pies.　子供たちは足でリズムをとっている。

11) 〜より上回る

   Mi tía le **lleva** tres años a mi madre.　おばさんは母より 3 歳年上です。

llevarse

12) 持ち去る、連れ去る、奪う、盗む

   Se llevaron mi paraguas.　私の傘が盗まれた。

   Me llevo esta falda beige.　このベージュのスカートにします（買います）。

13) 流行している

   Se lleva mucho esta moda.　このファッションが流行している。

14) 関係を保つ、馬が合う

Juan **se llevaba** bien con sus compañeros. フアンは同僚とうまくやっていた。

No **me llevo** bien con ella. 彼女にはがまんできない。

15) 〜の差がある

Los dos **se llevan** cinco años. 二人は5歳差である。

16) 繰り上げる

Me llevo una. 1繰り上げる。

練習1 スペイン語に訳しなさい。

1) 彼のために私はオフィスまで小包を運んであげた。

2) 彼は本や文房具が入っているリュックを担いでいた。

3) クラスで一番背の高い学生はあご髭を生やしている。

4) この道を行けば駅に行けますよ。

5) お母さんは子供に夏休みの宿題を終わるようにしむけた（llevar a + 不定詞を用いて）。

6) 君の助言でぼくは決心がついたよ（llevar a + 不定詞を用いて）。

7) 母は父から受け継いだ事業を運営している（llevar adelante を用いて）。

8) 政府は気候変動（cambio climático）に対する対策を講じた（llevar a cabo を用いて）。

9) みなさん（todos）、どんな人とでもうまく付き合うことを私は希望しています。

10) 私は大学でスペイン語を勉強して2年半になります（現在まで2年半勉強を続けています）。

•❀•— **Un poco más** コラム —•❀•

ボテロ

　フェルナンド・ボテロの作風とは、通常ボテリスモと言われる「太っている」作品（絵画や彫刻）をすぐにイメージするであろう。しかし、ボテロに言わせれば、太っているものを描いているのではなく、それは厚みや大きさを表す表現形態である。ボテロの作品は世界中の美術館だけでなく、公園などのパブリックスペースで無料で見ることができる。その最たるものは彼の生まれ故郷のコロンビアのメデジンにあるボテロ公園であろう。さて、ボテロの作品には政治色がないと思われがちであるが、麻薬と暴力の長い歴史を有するコロンビアで育ったボテロの初期の作品には政治的風刺を交えたものがある。彼自身、1994年に誘拐未遂事件に遭遇し、翌年にはボテロの作品に仕掛けられた時限爆弾が爆発し、死者23名、負傷者200人以上を出す大惨事があった。その後、ボテロは平和を象徴するハトの銅像を事件のあったメデジン市へ寄贈している。また、イラクのアブグレイブ刑務所の捕虜虐待シリーズも政治色の表れている作品である。2020年6月には、ボテロ公園の彼の4作品が何者かによってペンキなどで落書きされるという事件が起きている。

ANTONIO GAUDÍ

 Destacado arquitecto español que con su imaginación y creatividad logró revolucionar la arquitectura y las artes plásticas. **Antonio Gaudí** es considerado como uno de los mejores arquitectos del siglo XX y el máximo representante del modernismo catalán. Nació el 25 de junio de 1852, pero se desconoce si fue en Reus o Riudoms, dos municipios cercanos en la provincia de Tarragona, España. 5

Antonio Gaudí nació en una familia que durante cinco décadas trabajó en la manufactura del cobre. Ellos fabricaban toneles gigantes para la destilación del alcohol[1] de la uva, lo que influyó en[2] su creatividad. Las formas adquiridas por las maleables láminas forjadas[3] que formaban los envases[4] permitieron al joven tener noción y desarrollar los aspectos espaciales que ellas producían y despertar su pensamiento en forma tridimensional[5]. 10 Fue un niño reservado[6] y retraído[7], tal vez por la enfermedad de reumatismo[8] que lo afectó desde muy temprana edad y que le impidió llevar una vida normal. Se convirtió en un gran observador y amante de la naturaleza, en especial de sus formas y colores. A los 11 años empezó su interés por el dibujo y la arquitectura. A los 17 se trasladó a Barcelona para estudiar y, junto a sus compañeros Eduardo Toda y Josep Ribera Sans, realizó un proyecto de 15 restauración para el Monasterio de Poblet, Provincia de Torragona.

Entre 1875 y 1878 ingresó a la Armada de Infantería de Barcelona[9]. Su precaria[10] salud solo le permitía realizar actividades administrativas y no pudo participar en la *Tercera Guerra Carlista*. Antonio Gaudí continuó sus estudios de arquitectura en la Escuela de La Lonja y Escuela Técnica Superior de Barcelona, mientras trabajó como dibujante de algunos 20 arquitectos y constructores. Se graduó en 1878, a los 26 años de edad. Era muy religioso, poco interesado en la sexualidad y nunca llegó a casarse. Sentía especial afección hacia el mediterraneísmo, algo que reflejó en su arquitectura. Como amante de la naturaleza, en 1879 se hizo miembro del Centro de Excursionista de Cataluña. Practicaba la equitación[11] y realizaba largas caminatas diarias de unos 10 km, actividad que mantuvo hasta su avanzada 25 edad.

▶065
CD2-17
La gran pasión de Gaudí era el trabajo, fue el pilar[12] de su vida. Durante 48 años desarrolló una fructífera vida profesional. Además de arquitecto era urbanista y paisajista. En sus inicios es influenciado por las tendencias artísticas de la época, desde el arte neogótico hasta el modernismo, en gran auge[13] a finales del Siglo XIX y principios del XX. Durante su *30* actividad profesional demostró su capacidad creativa en la concepción integral de sus obras, desde su estructura, con inteligente distribución espacial, pasando por su funcionalidad hasta llegar a su decoración. Las llenaba de hermosos detalles, exponiendo su habilidad en el manejo de la cerámica, la carpintería, la vidriería, el moldeado de yeso[14] y la forja de hierro[15]. Gaudí fue considerado un genio que se inspiraba en la naturaleza, logró crear un estilo *35* propio, lleno de innovaciones y de perfecciones técnicas. Muchos de sus proyectos reflejan su integración con la naturaleza; la *Casa Vicens* es una de ellas.

▶066
CD2-18
En 1878 Antonio Gaudí participó en la *Exposición Universal de París*[16] con una hermosa y moderna vitrina[17]. La suerte no se hizo esperar[18]: la burguesía, la iglesia y el gran industrial catalán *Eusebi Güell* quedaron impresionados con su trabajo. Güell, su amigo, le *40* encargó el diseño y desarrollo de varias e importantes obras: el *Palacio Güell*, las *Bodegas Güell*, el *Parque Güell*, los *Pabellones Güell* y la *Capilla de la Colonia Güell*. El Marqués de Comillas, suegro de Güell, le pidió el diseño del *Capricho de Comillas*, donde demostró influencia de la corriente[19] del arte oriental. Se dice que este es el inicio de su fama. En 1883 le contrataron[20] en la que sería su obra cumbre: la continuación del *Templo Expiatorio de La* *45* *Sagrada Familia*, uno de los más visitados en el mundo. Gaudí compatibilizó este encargo con otras obras pero en 1914 decidió dejarlo todo y dedicarse solo a este templo en el cual trabajó durante 43 años.

▶067
CD2-19
El ilustre[21] arquitecto barcelonés Antonio Gaudí muere a los 73 años, después de una reconocida labor[22]. El 10 de junio de 1926, es atropellado por un tranvía en la Gran Vía de *50* Las Cortes Catalanas, muriendo tres días después. Su cuerpo reposa[23] en la cripta[24] de la capilla de la Virgen del Carmen en el templo símbolo de Barcelona *La Sagrada Familia*. Dejó un gran legado de obras que han sido objeto de estudio y reconocimiento internacional. Entre 1984 y 2005, la UNESCO incluyó 7 de ellas como *Patrimonio de la Humanidad*[25].

Casa Batlló

La Sagrada Familia

Antonio Gaudí

1 la destilación del alcohol　蒸留酒
2 influyó en→influir en ...　…に影響を及ぼす
3 maleables láminas forjadas　鋳造された可鍛性のある薄板
4 envase　容器
5 en forma tridimensional　立体的に
6 reservado　口数少ない
7 retraído　引きこもりの、内気の
8 reumatismo　リューマチ
9 la Armada de Infantería de Barcelona　バルセロナ海兵隊
10 precario　不安定な
11 equitación　馬術
12 pilar　礎

13 en gran auge　ピークのとき
14 moldeado de yeso　石膏の鋳造
15 la forja de hierro　製鉄
16 la Exposición Universal de París　パリ万博
17 vitrina　ショーケース
18 no se hizo esperar　hacer は使役の意。
19 corriente　潮流
20 contrataron　3人称複数による無人称表現。
21 ilustre　著名な
22 reconocida labor　定評のある仕事
23 reposa→reposar　埋葬されている
24 cripta　地下礼拝堂
25 Patrimonio de la Humanidad　世界遺産

❧ Responde las siguientes preguntas con oraciones completas:

1)　¿Quién era Antonio Gaudí?

2)　¿Cuándo y dónde nació?

3)　¿En qué trabajaba su familia ?

4)　¿Cuándo ingresó Gaudí en la milicia y qué trabajos hizo?

5)　Diga dos características de la personalidad de Gaudí.

6)　¿En qué se inspiró Antonio Gaudí para la creación de sus obras?

7)　¿Quién encargó a Gaudí varios proyectos? Nombre al menos dos.

8)　¿Cuál es su obra cumbre, dónde está y en qué año se la asignan?

9)　¿Cuándo y cómo murió Antonio Gaudí?

10)　¿Dónde reposan sus restos?

❖ **Resumen** ❖

▶068
CD2-20 Antonio Gaudí era un destacado arquitecto español que consiguió revolucionar la arquitectura y las artes plásticas. Es considerado como uno de los (   ). Nació el 25 de junio de 1852 en la provincia de Tarragona, España.

Su familia se dedicó durante cinco décadas a la manufactura del cobre fabricando toneles gigantes, lo que influyó en su creatividad. Fue un niño tímido y reservado, pero (   ) un gran observador y amante de la naturaleza. A los 11 años empezó su interés por el dibujo y la arquitectura. A los 17 se mudó a Barcelona y junto con sus compañeros realizó un proyecto de restauración para el Monasterio de Poblet.

Sentía especial afección hacia el mediterraneísmo, algo que reflejó en su arquitectura. (   ) con mucha pasión durante 48 años y llevó una fructífera vida profesional. Gaudí logró crear un estilo propio (   ) y de perfecciones técnicas. La Casa Vicens es una de sus obras principales.

En 1878 Antonio Gaudí participó en la Exposición Universal de París con una hermosa y moderna vitrina. El gran industrial catalán Eusebi Güell quedó impresionado con su trabajo y le encargó el diseño y desarrollo de varias e importantes obras tales como el Palacio Güell y el Parque Güell entre ellas. En 1883, por fin, Gaudí (   ), la construcción de la Sagrada Familia.

Antonio Gaudí murió a los 73 años, el 10 de junio de 1926, tres días después de ser atropellado por un tranvía. Su cuerpo reposa en la cripta de la capilla de la Virgen del Carmen en el templo La Sagrada Familia. (   ) como Patrimonio de la Humanidad junto con otras siete obras suyas.

ARTE

⋅❖⋅ **Un poco más** コラム ⋅❖⋅

ガウディー

　バルセロナは、19世紀半ば以降の織物工業による第2次産業革命が萌芽的とはいえ起こった地域であり、同時に、近代化の過程において労働者や知識人階層が成長し、保守的な伝統勢力と対立する動きが見られた。1909年の教会焼き討ち事件もそれを象徴する大事件であった。19世紀末からはカタルーニャの民族主義も高まりを見せた。このような政治的、社会的背景と、芸術におけるモデルニスモ（カタルーニャ・ルネサンス）は時期的に重なっている。モデルニスモ自体は非政治的で純粋な芸術革命ではあったが、時代の潮流（伝統と革新の対立）を無視はできなかった。一つには、芸術に投資できる財力のある大富豪の支援が不可欠であり、芸術的革新性のなかにも保守性を排除できなかった背景がある。アール・ヌーボーの影響もあり、曲線の使用や華やかな装飾性などを特徴とする一方、イスラム様式を取り入れた中世のキリスト教建築や装飾であるムデハル様式の要素も加わり、カタルーニャ独自の発展を遂げた芸術革命であった。

⁙ **Gramática** —文法の基礎と展開 ⁙

Ⅰ **-ir 型動詞の語幹母音変化動詞の点過去形**

直説法現在形の語幹母音変化動詞 **-ar** 型、**-er** 型は点過去形において語幹母音変化は起こらない。**-ir** 型だけ以下のようになる。

1) 直説法現在形の場合　　　　**e → ie**（nosotros, vosotros 以外）
　　☞点過去形の場合　　　　　**e → i**（③人称のみ変化、それ以外は規則活用）

2) 直説法現在形の場合　　　　**e → i**（nosotros, vosotros 以外）
　　☞点過去形の場合　　　　　**e → i**（③人称のみ変化、それ以外は規則活用）

3) 直説法現在形の場合　　　　**o → ue**（nosotros, vosotros 以外）
　　☞点過去形の場合　　　　　**o → u**（③人称のみ変化、それ以外は規則活用）

 練習1 **直説法現在形を点過去形に変化させなさい。**

1) María pide una caña de cerveza en el bar.

2) Mi hijito se duerme en el coche.

3) El profesor repite la explicación.

4) García Lorca muere en 1936 durante la Guerra Civil Española.

5) Esta llave no sirve.

6) Siente mucho dolor en la espalda.

7) El detective sigue al sospechoso.

8) El terreno agrícola se convierte en un edificio grande.

Ⅱ **「～になる」のいろいろ**

1) **hacerse:** 自分の意志で、努力しての結果、補語は名詞、形容詞。急激な変化やその過程は示さない。

2) **convertirse en:** en のあとは名詞のみ。極端な変化をともなって、別のものになる。

3) **ponerse:** 補語は形容詞のみ。外観や感情の一時的な変化を示す。

4) **volverse:** 補語は形容詞、名詞。自分の意志とは別に、急激な変化。驚きも示す。

5) **quedarse:** マイナス的な結果になったことを表す。補語は名詞、形容詞。

練習2 上のいずれの表現が適切か、変化させて入れなさい。

1) Las hojas (   ) rojas cuando viene el otoño.

2) El joven (   ) loco de amor por esa chica.

3) ¿En invierno el sol (   ) más temprano?

4) Después de la operación, yo (   ) delgadísimo.

5) Celia Cruz (   ) en una cantante cubana muy famosa.

6) Ella (   ) la enferma para llamar la atención.

7) La primera vez que hablé en público yo (   ) rojo.

8) Kenta (   ) en cristiano.

9) Mi hijo quiere (   ) médico veterinario.

10) Él (   ) a enamorar de su ex mujer.

11) El niño (   ) enfermo.

12) ¿Cuándo el músico José Feliciano (   ) ciego?
¿Fue ciego de nacimiento?

練習3 次の日本語をスペイン語に訳しなさい。

1) 昨夜、生徒たちはロドリゲス先生のネット授業を聞いていたのだが、そのうちの一人が居眠りをしてしまった（quedarse を用いて）。

2) 私たちは話に夢中で紅茶を飲んでいなかった。一口飲んだときは、すでに紅茶は冷めていた（quedarse を用いて）。

3) その画家はやがて世界中で有名になった。

4) あまりにも不安で、私は気がおかしくなってきている（volverse を用いて）。

5) 木の葉が黄色や赤色に変化してきている（ponerse を用いて）。今年もまた紅葉の季節だな。

GABRIEL GARCÍA MÁRQUEZ

 ¿Sabes quién es Gabo? Así llamaban coloquialmente a **Gabriel José de la Concordia García Márquez**, uno de los escritores más admirados y reconocidos de la literatura latinoamericana contemporánea. Un hombre genial, excelente guionista y gran periodista de origen colombiano, famoso por[1] su extensa labor literaria y por haber asumido posturas políticas controversiales. Sus más allegados[2] le llamaban *Gabito*. Nació en Aracataca, Departamento 5
del Magdalena, Colombia, el 6 de marzo de 1927, fruto de la unión[3] de sus padres, *Gabriel Eligio García y Luisa Santiaga Márquez*, quienes debieron salvar dificultades y adversidades[4] hasta concretar su unión marital[5]. Una difícil historia de amor que lo inspira para escribir su exitosa novela *El amor en los tiempos del cólera*[6].

Sus padres, cuando solo tenía 2 años, lo dejaron en su pueblo natal a cargo de sus 10
abuelos maternos. Así, el coronel *Nicolás Márquez*, a quien Gabito llamaba *Papalelo*, un liberal que participó en la Guerra de los Mil Días[7] y excelente narrador, ejerció gran influencia en su interés literario y lo obligó a consultar constantemente el diccionario. Su abuela, a quien llamaba *Mina*, mujer imaginativa y supersticiosa, lo inspiró en la creación de algunos personajes de la que sería su obra maestra *Cien años de soledad*. A sus 8 años murió 15
su abuelo y Gabo regresó con sus padres a Sucre. Fue enviado a un internado[8] donde era considerado como un joven tímido y serio, a quien no le gustaba el deporte pero sí escribir poemas y dibujar tiras cómicas[9]. Por ello lo llamaban *El Viejo*.

En 1940, Gabriel García Márquez inició sus estudios secundarios en el hoy Instituto San José. Allí publicó sus primeros poemas. Fue becado por el gobierno para estudiar en 20
Bogotá, momento en el que se interesa en las disciplinas deportivas de fútbol, béisbol y atletismo. Terminó la secundaría, pero su deseo era ser escritor. En 1947 ingresó a la Universidad Nacional de Colombia para estudiar Derecho, pero no demostraba interés en estos estudios. Después del Bogotazo[10], esta fue clausurada[11] y se trasladó a la Universidad de Cartagena. En 1950, sin finalizar los estudios universitarios, entró a trabajar como 25

reportero del diario *El Universal*, reafirmando su deseo de querer ser periodista y escribir novelas. También trabajó como columnista y reportero en *El Heraldo*. Gabo expresaba que su carrera periodística le permitía mantenerse en contacto con la realidad.

▶072
CD2-24

A los 27 años (1955), comenzó la carrera de escritor con su primera novela breve, *La Hojarasca*, desarrollada en un ambiente mítico y legendario, llena de ficción y fantasía. En *30* 1958 contrajo matrimonio con[12] Mercedes Barcha, con quien tuvo 2 hijos: Rodrigo (1959), un cineasta, y Gonzalo (1964), diseñador gráfico. Tras el triunfo de la revolución cubana en 1960, viajó a La Habana, conoció al comunista *Fidel Castro*, a *Ernesto Guevara* (*El Ché*) y trabajó en la agencia de prensa latina creada por el gobierno cubano. En 1961, junto a su esposa, se instaló en[13] Nueva York, pero su amistad con los representantes del gobierno *35* comunista cubano le generó contratiempos[14] con la CIA y con la disidencia cubana[15]. A los pocos años debe marcharse de La Gran Manzana[16] y se va a Ciudad de México, donde vivió hasta su muerte.

▶073
CD2-25

Durante los años siguientes Gabriel García Márquez realizó varias publicaciones con un estilo propio y breve, entre ellas *El coronel no tiene quien le escriba*[17]. Buscaba aproximarse *40* a lo que sería su gran proyecto, su obra cumbre, la novela escrita en 1967 en Ciudad de México: *Cien años de soledad*[18], iniciando así a sus 40 años, el camino de la fama y el éxito. En esta obra Márquez recrea la vida de un pueblo imaginario al que llama *Macondo*, utilizando una narrativa que ubica al lector en sus diferentes etapas y procesos: su nacimiento, su desarrollo, y su ocaso[19], siendo posible relacionarlo con cualquier realidad de *45* un pueblo hispanoamericano. El éxito de la novela no se hizo esperar y en 3 años superó la edición y venta de más de quinientos mil ejemplares[20]. Fue traducida a más de 35 idiomas y ganó varios premios internacionales. En Italia ganó el *Chinchiago Aprecia*, en Francia fue nominado como el "Mejor Libro Extranjero", y en 1970 fue publicado en inglés, y los Estados Unidos lo escogió como uno de los 12 mejores libros del año. *50*

▶074
CD2-26

En 1982 La Academia Sueca, merecidamente, le otorgó *El Premio Nobel de Literatura*, avalado[21] por una extensa obra de novelas e historias cortas. En 1999 Gabriel García Márquez fue afectado por una penosa[22] enfermedad, y falleció en México el 17 de abril de 2014, a sus 87 años de edad.

1 famoso por ... …で有名な
2 allegado 近親者、近い友人
3 unión 婚姻
4 adversidades 逆境
5 unión marital 結婚、婚姻関係
6 "El amor en los tiempos de cólera" 『コレラ時代の愛』
7 la Guerra de los Mil Días コロンビアの内戦「千日戦争」（保守党と自由党の対立が 1899 年から 1902 年まで続き、1903 年には米国の軍事介入により、コロンビアからパナマが分離独立）
8 internado 寄宿舎
9 tiras cómicas 連続コママンガ
10 Bogotazo ボゴタソ（1948 年 4 月 9 日、大統領候補で自由党リーダーであったホルヘ・エリエセル・ガイタンが暗殺されたことを受けて起こったボゴタ市内での政治的暴動が勃発した。これがコロンビア全土に拡張し、その後 10 年間続いた、いわゆるコロンビア内戦「ラ・ビオレンシア」の幕開けとなった。）

11 clausurada→clausurar 閉鎖する
12 contrajo matrimonio con→contraer …と結婚する
13 se instaló en ...→instalarse en ... …に定住する
14 contratiempos 不慮の出来事
15 disidencia cubana 亡命キューバ人の反体制組織
16 la gran manzana 大きなリンゴ（ニューヨークの俗称）
17 "El coronel no tiene quien le escriba" 『大佐には手紙が来ない』
18 "Cien años de soledad" 『百年の孤独』（ノーベル文学賞受賞）
19 ocaso 終焉
20 ejemplares 発行部数
21 avalado por→avalar 支持されて、認められて
22 penoso(-a) 痛ましい

❀ Responde las siguientes preguntas con oraciones completas:

1) ¿Quién era Gabriel García Márquez?

2) ¿Cómo lo llamaban?

3) ¿En qué se inspiró para escribir la novela "El Amor en los tiempos de cólera"?

4) ¿Cómo se llamaba el abuelo de Gabo y cómo lo nombraba él?

5) ¿Qué le gustaba hacer a Gabriel García Márquez en su juventud?

6) ¿En qué y dónde trabajó Márquez? ¿Cuándo era estudiante de Derecho?

7) ¿Cuándo comienza la carrera de escritor y con qué novela?

8) ¿Cuál fue la obra cumbre de Gabriel García Márquez? ¿Cuándo y dónde la escribió?

9) ¿Qué es Macondo?

10) ¿En qué año y qué reconocimientos son otorgados a Gabriel García Márquez?

❖ **Resumen** ❖

▶075
CD2-27 Gabriel García Márquez era uno de los escritores (   ) de la literatura latinoamericana moderna. Era guionista y gran periodista de origen colombiano, conocido por su excelente trabajo literario y por haber mantenido una posición política controversial. Nació el (   ) en Colombia.

Cuando tenía 2 años sus padres (   ) su pueblo natal a cargo de los abuelos maternos. Su abuelo Papalelo participó en la Guerra de los Mil Días, él también era narrador y (   ) en su interés literario. Su abuela Mina tenía demasiada imaginación y era muy supersticiosa. Ella lo inspiró en la creación de sus obras. Era un joven tímido y serio, a quien le gustaba escribir poemas y dibujar tiras cómicas.

En 1947 entró a la Universidad Nacional de Colombia para estudiar Derecho, pero no tenía mucho interés en estos estudios. En 1950, sin terminar los estudios universitarios, (   ) como reportero del diario *El Universal*. También trabajó como columnista y reportero en *El Heraldo*.

A los 27 años (1955), escribió su primera novela breve, *La Hojarasca*, donde escribió sobre un ambiente mítico y legendario, lleno de ficción y fantasía. En 1958 se casó con Mercedes Barcha y (   ). Tras el triunfo de la revolución cubana, en 1960, viajó a La Habana, conoció a Fidel Castro y a Ernesto Guevara (El Ché), y trabajó en la agencia de prensa latina fundada por el gobierno cubano. En 1961, vive en Nueva York, pero su relación amistosa con el gobierno comunista de Cuba le trajo problemas con la CIA y con los exiliados cubanos. A los pocos años salió de Nueva York y decidió vivir en Ciudad de México, donde (   ) hasta su muerte.

García Márquez elaboró varias obras como *El coronel no tiene quien le escriba* y en 1967 publicó *Cien años de soledad*, en la que Márquez recrea la vida de un pueblo imaginario utilizando la narrativa: su nacimiento, su desarrollo y su fin. Fue traducida a más de 35 idiomas y ganó varios (   ). En 1982 le otorgaron El Premio Nobel de Literatura, sostenido por una extensa obra de novelas e historias cortas. Murió en México el 17 de abril de 2014, a sus 87 años de edad.

■ **Gramática** —文法の基礎と展開 ■

無人称文（不定人称文）

スペイン語の無人称文（不定人称文）には、①3人称の複数形の動詞、②se＋3人称単数の動詞を用いる。①と②の違いは、原則、自己と他者の関係による。両者のあいだに「線引き」がなされる場合は①で、他者の影響を自己が受けている場合は②である。つまり、「泥棒に財布を盗まれた」という状況は、盗まれた者と盗んだ者の立場は対照的である、しかし、「駅に行くためにこの道でよいのか」という場合は、自己にとっても、その道を通って駅に行くことができるわけだから、「線引き」によって、自己と他者の立場がまったく区別されるわけではない。

また、行為者が不特定で一般的な人の場合は②がよく用いられる。

①3人称複数の動詞

Oye, **llaman** a la puerta.　　　　ねえ、誰かが玄関に来ています。

No **aprobaron** a Antonio.　　　　アントニオは合格しませんでした。

②se＋3人称単数の動詞

Lo siento, no **se puede** sacar fotos aquí.　　すみませんが、ここでは撮影禁止です。

Se ve el Monte Fuji desde el balcón de mi casa.　　わが家のバルコニーから富士山が見えます。

練習1 無人称の文章であることを前提に、①または②のいずれか適切な方を選びなさい。

1) En este restaurante (comen / se come) una buena tortilla española.

2) ¿Cuánto tiempo (tarda / se tarda) hasta el templo Kiyomizu en taxi?

3) (Han dicho / Se ha dicho) que el tifón va a pasar directamente por Tokio, así que tenemos que tomar precauciones.

4) (Dicen / Se dice) que el vino tinto es mejor para platos de carne.

5) (Me robaron / Se me robó) la cartera y el equipaje que traía.

練習2 次の日本語をスペイン語に直しなさい。

1) 家具付き（amueblado）のワンルームマンション（estudio）が賃貸される。

2) 今月の給料が未払いである。

3) このイタリア料理店は市内で最もおいしいお店である。

4) 市役所（ayuntamiento）のとなりに新しい建物が建てられています。

5) そこでは私は尊敬と称賛をもって扱われた。

6) 市内のこの地区はものすごく閑静な住宅街である（vivir tranquilamente を用いて）。

:: **Más prácticas** ::

次の名詞は女性形ですが、どうして定冠詞は el なのでしょうか。合わせて、それぞれの複数形も
書きましょう。

el acta _____	el ala _____	el área _____
el arma _____	el arpa _____	el arte _____
el aula _____	el ave _____	el hacha _____
el águila _____	el ancla _____	

次の名詞は -a で終わっていますが男性形になります。合わせて、それぞれの複数形も書きましょう。

el clima _____	el diploma _____	el drama _____
el fantasma _____	el idioma _____	el lema _____
el planeta _____	el poema _____	el problema _____
el síntoma _____	el sistema _____	el tema _____
el día _____	el sofá _____	el mapa _____

⤞⧯⤝ **Un poco más** コラム ⤞⧯⤝

ガルシア・マルケス

　ガルシア・マルケスといえば、「魔術的リアリズム」(realismo mágico) について語らなければなら
ないだろう。魔術とリアリズム (現実、日常性) はきわめて相反する概念であると考えられる。しかし、「魔
術的リアリズム」の世界では、空飛ぶ鳥も、空飛ぶ人間も、ともに「現実」なのである。人間が空を飛
ぶことは、決してファンタジーでも夢の世界でもないと考える。これをどう解釈するかは諸説があると
思う。筆者が考えるに、魔術と現実の境界は定かではなく、魔術を夢と置き換えて考えるとわかりやす
いが、夢 (非現実) が何かのきっかけで現実になることはあるだろう。翼を持たなくても人は飛行機に
乗ることで空から地上を眺めることができる。また、空を飛びたい、という自分の感情や欲望には偽り
はない。空を飛ぶ、ということは、社会的向上や何かを達成し克服したいという人間のごく自然な感情
や欲望のメタファであり、それはファンタジーではない。このように、魔術的リアリズムという文学手
法は、通常の認識では実現不可能とされている現実の難題を克服するための叡智と活力を養う疑似体験
の機会を与えてくれているのではないだろうか。

FEDERICO GARCÍA LORCA

Federico Del Sagrado Corazón De Jesús García Lorca, así llamaron a un joven escritor español que nació el 5 de junio de 1898, en el pueblo de Fuente Vaqueros, Granada, España, quien durante su corta, pero agitada[1] vida, produjo una completa creación poética y dramática de excelente calidad, que lo ubica como uno de los poetas y dramaturgos más populares y de alto nivel de la literatura castellana y del teatro español del siglo XX. Provenía de una familia 5 de holgada posición económica[2]. Su padre fue hacendado con cultivos de tabaco y remolacha[3]. Su madre fue maestra de escuela y fue ella quien lo inició en[4] la literatura.

Era el mayor de cuatro hermanos. Vivió hasta los once años en Fuente Vaqueros, un sitio rural cuyo ambiente campestre influyó en su obra. Hoy su casa materna es un museo y Bien de Interés Cultural[5]. Junto a su familia, se mudó a Granada. Durante su adolescencia, se 10 interesó por la música, iniciando estudios de piano. Era admirador de *Verdi* y conocía el repertorio[6] de grandes músicos como *Beethoven* y *Chopin* entre otros. En 1914, a los 16 años, ingresó a la Universidad de Granada para realizar estudios de Filosofía y Letras y de Derecho. El ambiente intelectual que lo rodeaba era muy interesante. Pertenecía al grupo de estudiantes y artistas granadinos talentosos que luego ocuparían importantes cargos, quienes 15 mantenían largas tertulias[7] en un local al que llamaron "El Rinconcillo". Para ese momento Federico era conocido por sus dotes[8] de músico.

En la universidad, Federico García Lorca recibió clases sobre Teoría de La Literatura y de Las Artes del profesor Martín Domínguez Berroeta, quien organizaba viajes estudiantiles por el interior de España. Visitaron Castilla, Córdoba, Baeza, León, Burgos y Galicia, entre 20 otros. En este momento se despertó en Federico su vocación por la escritura. A los veinte años (1918) publicó su primer libro titulado *Impresiones y Paisajes*, en el que trataba temas políticos, la decadencia y el porvenir de España, temas estéticos[9] y religiosos. Ese mismo año el novel escritor declaró su amor por la poesía. Madrid era la meta de quienes asistían a "El Rinconcillo". Estudiarían en "La Residencia de Estudiantes" de Madrid. Para 1919, ya varios 25 compañeros estaban allí, faltaba Federico quien se mantenía en Granada al lado de sus padres. Finalmente viajó y formó parte de la institución que fue creada a semejanza de[10] los *colleges de Oxford* y *Cambridge*. La Residencia era un centro de gran actividad e intercambio de culturas. Allí se encontraban importantes escritores, artistas y representantes intelectuales del país como *Luis Buñuel* y *Salvador Dalí* o, escuchaban a excelentes conferencistas[11],   *30* músicos, artistas y escritores extranjeros como: Le Corbusier y Madame Curie.

Federico mantuvo un intenso trabajo. En 1921 publicó su *Libro de Poemas* y elaboró piezas teatrales que no fueron exitosas[12]. En mayo regresó a Granada y conoció a *Manuel de Falla*, notable compositor español y gran maestro de la música contemporánea que también se inspiraba en[13] el folclore. García Lorca se interesaba en el cante jondo[14]. Junto a Falla,   *35* incursionaba[15] en proyectos musicales, en el teatro con títeres[16] y publicó su segundo libro, *Poema de cante jondo*. Ese año *Salvador Dalí*, quien también vivía en La Residencia, lo invitó a su casa de Cadaqués, Cataluña, ofreciéndole un cambio de ambiente e inspiración, del campo al mar. Lorca y Dalí, que compartieron una gran amistad durante cinco años (1923-1928), se compenetraron[17] y ambos se dejaron una profunda huella, tanto en sus vidas   *40* como en sus obras. Se habla de un período daliniano en la obra de Lorca y de una época lorquiana en la obra del pintor. Amistad que se vuelve una pasión amorosa no consumada que Federico reflejó en *Oda a Salvador Dalí*[18] publicada en 1926.

Lorca llegó a su madurez[19] entre 1924 y 1927. En 1928 publicó su *Primer Romancero Gitano*, de gran éxito popular, que no le produjo satisfacción y que sus amigos Dalí y Buñuel   *45* criticaron fuertemente. Lorca atravesaba una crisis existencial y sentimental. Trabajaba en nuevos proyectos, buscaba desvincularse de[20] sus amigos madrileños y del ambiente andaluz. Viajó a Nueva York (1929) y a Cuba (1930). Descubrió el mundo moderno, un nuevo idioma, conoció el jazz y el blues, el teatro de lengua inglesa e investigó sobre la cultura y la música cubana. En ese tiempo escribió *Poeta en Nueva York*, uno de sus libros más   *50* importantes. Realizó un corto viaje a Buenos Aires (1933) y triunfó como director de teatro con *Bodas de Sangre*[21]. Regresó a España (1934) y escribió obras como *Yerma y La Casa de Bernarda Alba* entre otras. En 1936 España vivía momentos de violencia, la situación política era difícil, iba a estallar la Guerra Civil Española. Muchas de sus obras fueron prohibidas y censuradas, Federico fue acusado de ser un espía.   *55*

Federico García Lorca a sus 38 años de edad, un hombre de ideas avanzadas, gran escritor, poeta y homosexual declarado, fue perseguido y apresado el 16 de agosto de 1936 y fusilado el 18 en el camino que va de Viznar a Alfacar (provincia de Granada). Se dice que sus restos reposan en una fosa común[22], pero aún no se han encontrado.

60

1 agitado/a 波乱万丈な
2 holgada posición económica 経済的に豊かな身分
3 remolacha サトウダイコン、テンサイ
4 inició en … …の手ほどきをする
5 Bien de Interés Cultural 重要文化財
6 repertorio レパートリー
7 tertulias サークル、話
8 dotes 才能
9 estéticos 美的な
10 a semejanza de … …と同じように
11 conferencista 講演者 [ラ米] = conferenciante

12 exitoso うまくいく、成功した [ラ米]
13 se inspira en →inspirarse en … …に着想を得る
14 jondo 奥深い = hondo
15 incursionar 入っていく [ラ米]
16 el teatro con títeres 人形芝居、曲芸
17 se compenetraon →compenetrarse （意見などを）共有する = compartir
18 Oda a Salvador Dalí ダリ頌歌
19 madurez 壮年期
20 desvincularse de … …との関係を絶つ
21 *Bodas de Sangre* 『血の婚礼』
22 fosa común 共同墓地

🌿 Responde las siguientes preguntas con oraciones completas:

1) ¿Quién era Fernando García Lorca?

2) ¿Cuándo y dónde nació?

3) ¿A qué edad y hacia dónde se muda?

4) ¿Cuándo y en qué universidad realizó sus estudios?

5) ¿Qué era "El Rinconcillo"?

6) ¿Hacia dónde y con quiénes viajó García Lorca durante su época de estudiante?

7) ¿En qué año se publicó y cómo se llama su primer libro?

8) ¿Quién es Manuel de Falla?

9) ¿Cómo se llama el segundo libro de García Lorca y en qué año se publicó?

10) ¿Por qué Federico García Lorca viaja a Nueva York y en qué año lo hace?

❖ **Resumen** ❖

▶082
CD2-34 Federico García Lorca era un (   ), cuya reputación es de
alto nivel. En 1914, a los 16 años, ingresó a la Universidad de Granada para realizar estudios de
(   ). Viajó y formó parte de La Residencia en Madrid, donde pudo
(   ) con importantes escritores, artistas y
representantes intelectuales del país como Luis Buñuel y Salvador Dalí.

   Conoció a Manuel de Falla, notable compositor español y gran maestro de la música
contemporánea que también (   ). Junto a Falla, incursionó en
proyectos musicales. En 1925, Salvador Dalí lo invitó a su casa de Cadaqués, Cataluña. Esto le
ofreció un cambio de ambiente e inspiración. Lorca y Dalí (   )
durante cinco años (1923-1928), y ambos se dejaron una profunda huella, (
).

   Lorca publicó su *Primer Romancero Gitano*, de gran éxito popular, en 1928, pero sus
amigos Dalí y Buñuel lo criticaron fuertemente. Lorca atravesaba una crisis existencial y
sentimental. Buscando desvincularse de sus amigos madrileños y del ambiente andaluz viajó a
Nueva York (1929) y a Cuba (1930). (   ), un nuevo idioma, conoció
el jazz, el blues y el teatro de lengua inglesa. En ese tiempo escribió *Poeta en Nueva York*, uno
de sus libros más importantes. Logró su fama como director de teatro con *Bodas de Sangre*.
Regresó a España (1934) y escribió obras como *Yerma y La Casa de Bernarda Alba* entre otras.
En 1936 estalla la Guerra Civil Española y sus obras (   ). Federico
García Lorca a sus 38 años de edad, fue fusilado durante la guerra.

◆❈◆ **Un poco más** コラム ◆❈◆

ガルシア・ロルカ

　ロルカの三大悲劇とは、『血の婚礼』、『イェルマ』、『ベルナルダ・アルバの家』のことである。いずれ
も苦悩する女性を主人公に、最後は悲劇的な死をもって終わっている。なかでも最も狂気に満ちている
のが、『ベルナルダ・アルバの家』であろう。夫の死によって8年間を喪に服することを決めた母ベルナ
ルダは自分の5人の娘たちに「家」からの外出禁止を強要する。しかし、末娘のアデラは姉の婚約相手
のペペに恋愛感情をもち、姉の結婚に嫉妬を覚える。同時に母親が貫こうとしている慣習を悪しきもの
として反抗する。アデラはペペと性的関係に至り、これに激怒したベルナルダは、ペペを銃で撃って追
い払い、ペペはもう死んだと伝えた。実際には弾ははずれていた。しかし、ペペが死んだものと早合点
したアデラは、部屋で首つり自殺をする。娘の死を目の前で見たベルナルダは、アデラに白色のドレス
を着せ、処女であったことを貫くことで、娘とアルバ家の名誉を保とうとする。この平然とした態度に、
ベルナルダ自体も亡き夫に代わって家長に徹しなければならないという社会的抑圧と苦悩が見て取れる。
最後にベルナルダが家人に対して語りかけるように数回繰り返す「静寂に」（¡Silencio!）という言葉が
切ない。

■ **Gramática** —文法の基礎と展開 ■

 I 比較級

más 形容詞・副詞・名詞 **que ...** 　　　…よりもより～である

menos 形容詞・副詞・名詞 **que ...** 　　…ほど～ではない

Tenemos muchos alumnos en esta aula. 　　　この教室ではたくさんの生徒をかかえている。

En esta aula tenemos **más** alumnos **que** en aquella aula. 　このクラスでは、あのクラスよりも多くの生徒をかかえている。

Los alumnos de esta aula son **más** aplicados **que** los de aquella.
このクラスの生徒たちは、あのクラスの生徒より勤勉である。

Los alumnos de esta aula hablan **más** con el profesor **que** los de aquella.
このクラスの生徒たちは、あのクラスの生徒よりも先生とよく話す。

Los alumnos de esta aula son **menos** aplicados **que** los de aquella.
このクラスの生徒たちは、あのクラスの生徒ほど勤勉ではない。

比較の不規則形

形容詞 / 副詞	比較級	
mucho / mucho	**más / más**	
poco / poco	**menos / menos**	
bueno / bien	**mejor / mejor**	
malo / mal	**peor / peor**	
grande	**mayor**（数量）	más grande（大きさ）
pequeño	（数量）	más pequeño（大きさ）

Los alumnos de esta aula son **mejores que** los de aquella.
このクラスの生徒たちは、あのクラスの生徒より優秀である。

Rafael es **mayor que** Nicolás. 　　　　　ラファエルはニコラスよりも年上です。

Rafael es **más grande que** Nicolás. 　　　ラファエルはニコラスよりも体が大きい。

Rafael es 5 años **mayor que** Nicolás. 　　ラファエルはニコラスよりも 5 歳年上です。
(Rafael tiene 5 años **más que** Nicolás.)

練習1 次の日本語をスペイン語に訳しなさい。

1) ラファエルの身長はニコラスよりも 10 センチ高い。
2) 概して小さい時は、少年のほうが少女よりも小柄である。
3) アマゾン川はナイル川よりも長い。
4) クリスティーナの体重は 50 キロ未満だ。
5) この都市の人口は 1000 万人以上で、近隣の都市よりも多い。

II 同等比較

tan 形容詞・副詞 **como ...** 　　　…と同じくらい～

tanto 名詞 **como ...** 　　　…と同じくらいの～

形容詞の場合は、名詞の性数に一致して、tanto, tanta, tantos, tantas と変化する。副詞の場合は tan
と tanto の場合がある。 **I** の「比較の不規則形」以外の形容詞・副詞の前では tan である。また、

動詞を修飾する副詞の場合は tanto である。

Las chicas son **tan** aplicadas **como** los chicos.　　女の子は男の子と同じくらい勤勉です。

La clase de español tiene **tantos** alumnos **como** la clase de inglés.
スペイン語クラスは英語クラスと同じほどの生徒数があります。

Ⅲ 類似表現のいろいろ

① **igual que ...**　　…と同じくらい

Las chicas se aplican **igual que** los chicos.　　女の子は男の子と同じくらい勤勉です。

② **igual a ...**　　…と同じくらい

El color de tu vestido es **igual a**l del mío.
君のドレスの色は私のと同じです。

Un pie es **igual a** 30 centímetros con 48.
1 フィートは 30.48 センチです。

> ワンポイント
>
> igual que と igual a はほぼ同じであると考えられることも多く、スペインでは igual que のほうがより口語的である。

③ **mismo que ... / lo mismo que ...**　　…と同じの／同じもの

María toma **la misma** asignatura **que** José.
マリアはホセと同じ科目を受けている。

Mi barrio es **igual que** el de Pedro.
= Mi barrio es **igual a**l de Pedro.
= Mi barrio es como el de Pedro.
つまり「私の住んでいる場所とペドロのそれは共通点がある、似ている」の意味。

> ワンポイント
>
> mismo que ... / lo mismo que ... は「全く同じである」という意味である。Igual que / igual a は比較の対象が同じ特徴をもつという意味で、すべてが同じというわけではない。

しかし、Mi barrio es **el mismo que** el de Pedro.　　私はペドロと同じ地区に住んでいる。

④ **equivalente a ...**　　…と等しい、対等、同価値の、相当する

La cantidad que pagamos a la universidad es más o menos **equivalente** a un millón de yenes al año.　　私たちが大学に納めている学費は、年間 100 万円くらいに相当する。

さらには、

⑤ **semejante a ...**　　…と類似した

Los contenidos y temas del curso del profesor Moreno de este año son bastante **semejantes** a los del año pasado.　　モレノ教授の今年のクラスは昨年と類似した内容である。

⑥ **tan (to) ~ que ...**　　あまりに~なので…

Hoy hace **tanto** calor **que** debemos beber mucha agua para hidratarnos.
今日はものすごく暑い日なので、十分な水分を取らなければならない。

練習2　次の日本語をスペイン語に訳しなさい。

1) 地元には私と同じ年齢の友達が多い。

2) A 社の倒産時の負債額は B 社に匹敵している。

3) このドレスはモデルが着ていたものと同じくらいすばらしく、カラフルである。

EL DOMINÓ

El **Dominó** es un juego de mesa cuyo origen se atribuye a[1] la cultura china. Posteriormente tuvo un gran auge[2] en América, donde ha llegado a representar auténticas manifestaciones culturales[3], especialmente en aquellos países que limitan con[4] el Mar Caribe. Se dice que este juego surgió hace mil años en la China, basado en un juego de dados con seis caras[5] y que estaba compuesto por 32 piezas. Fue identificado como un juego de placas[6] y llamado *pupai* en China. Luego aparece en Europa, especialmente en Italia, y se extiende al mundo occidental como un juego compuesto por 28 piezas con caras en blanco y negro. Se dice que fueron los franceses quienes dieron nombre al juego porque las piezas encontradas se asemejaban a la vestimenta[7] de los curas[8] o monjes[9] durante el invierno: una capucha negra por fuera y blanca por dentro, contraste de colores que caracteriza e identifica las fichas[10] utilizadas en el juego.

El dominó es una forma de entretenimiento y distracción mental que representa una competencia entre jugadores que acuerdan una máxima puntuación a alcanzar[11] durante el desarrollo de las "manos o rondas"[12] que sean necesarias[13]. Sus 28 piezas de forma rectangular son llamadas "fichas". Generalmente son blancas por la cara que se lee, dividida en dos cuadros numerados con puntos (como en los dados) y negras por la parte trasera. Se identifican según los números que contengan sus cuadrados: si tienen igual número de puntos se les conoce como: "dobles", "mulas", "chanchos" o "carretas"[14]. Si en uno de los cuadrados no tiene puntos, se les llama "blancas" y, según el número de puntos que contengan se les llama "un", "dos", "tres" y así hasta llegar a los "seis". Cada país tiene una forma particular de identificar las fichas. En la Costa de Colombia el doble 6 (6 puntos en cada cuadrado) es llamada "la mazorca", la que no tiene números, el doble 0, es llamada "la pelá". En República Dominicana al doble 0 lo llaman "la caja". En Venezuela, el doble 6 es llamado "la cochina"; en México, "la mula"; en Perú "samba"; en Puerto Rico "la guagua"; en Panamá "doble cena" y en España "la que menos pesa".

▶085
CD2-37

El dominó puede ser jugado en parejas por cuatro jugadores, de forma individual y por equipos (compuestos por dos o tres parejas cada uno). La puntuación es de cero (0) a seis (6) puntos y las combinaciones son el producto de las 28 piezas o fichas del juego, siendo la más alta la del doble 6. En un juego en parejas, los jugadores se colocan alternativamente alrededor de una mesa y en posiciones enfrentadas[15]. Las fichas se colocan boca abajo[16] y *30* uno de los jugadores las mezcla con movimientos circulares[17]. Cada jugador recoge al azar[18], para sí, 7 fichas (7x4 = 28 fichas).

▶086
CD2-38

El jugador o pareja gana una ronda o mano[19] cuando colocando sus fichas, uno de ellos queda sin ninguna en la mano, es decir, llega de primero (queda sin fichas) o cuando tranca[20] el juego, se dice que este jugador dominó la partida[21]. El jugador o pareja ganadora será aquel *35* cuyas fichas sumen menos puntos y a ellos se les otorgará el mayor puntaje[22] producto de la suma de los puntos de las fichas que quedaron en manos de los adversarios[23], excluyendo las de su pareja. El primer jugador o pareja que logra alcanzar la puntuación fijada al inicio de la ronda[24], gana el juego. En caso de empate[25] la norma internacional establece que no hay ganador y en el siguiente juego sale el jugador de turno[26]. El juego lo gana aquel equipo que *40* logra sumar en un juego de varias rondas el mayor puntaje acordado al inicio.

▶087
CD2-39

Se dice que el juego de Dominó fue inventado por un "mudo[27]". Los participantes deben mantenerse en silencio. La única señal válida para el jugador de turno es tomarse un tiempo para pensar tratando de hacerle entender a su compañero las opciones que tiene sobre la mesa. Si el jugador de turno coloca inmediatamente y sin pensar la ficha, da a entender[28] a su *45* compañero y a los contrarios que es la única opción que tiene en ese momento. Otra especial característica en este juego es el manejo de expresiones a través de un lenguaje simpático, singular y creativo. ¡Cuidado…! al acercarse a una ronda o mano para ver cómo va el juego. Usted no debe hacer comentario ni seña alguna. A cambio[29] pudiera recibir una frase como ésta a modo de insulto o advertencia: *Los mirones son de palo*[30] (Venezuela).

1 atribuirse a ...　…のものとみなされる、…とされている
2 auge　ブーム（= boom, estar de moda）
3 auténticas manifestaciones culturales　真の文化的表徴
4 limitar con ...　…と境界を接する（= lindar con）
5 dados con seis caras　6面体のサイコロ
6 placa　板
7 vestimenta　祭服
8 cura　司祭、神父
9 monje　修道士
10 ficha　ドミノの牌
11 acordar una máxima puntuación a alcanzar　最高得点を取り決めで合意する
12 durante el desarrollo de las "manos o rondas"　勝負が続く中で
13 que sean necesarias　必要とされる（sea は ser の接続法現在）
14 "dobles", "mulas", "chanchos" o "carretas"　ドミノの「ダブル」のこと、ロバ、豚、荷車が俗称。

15 en posiciones enfrentadas　向かい合って
16 boca abajo　伏せて、裏返しにして、うつぶせに（= bocabajo）
17 con movimientos circulares　手で円を描くように
18 al azar　無作為に
19 gana una ronda o mano　勝負に勝つ
20 trancar　ゲームで独り勝ちすること
21 partida　ゲーム
22 puntaje　得点（= punto）
23 adversarios　敵（= competencias）
24 al inicio de la ronda　勝負が始まる時
25 empate　同点
26 el jugador de turno　交替のプレーヤー
27 mudo　聾者
28 dar a entender　意味する、示唆する
29 a cambio　さもなければ（pudiera は poder の接続法過去）
30 Los mirones son de palo　野次馬は棒である
　　→野次馬は何も言ってはならぬ

🌿 Responde las siguientes preguntas con oraciones completas:

1) ¿Qué es el Dominó? ¿En dónde surgió y hacia dónde se extendió?

2) ¿Quiénes le dan su nombre actual y por qué?

3) ¿Cuántas piezas componen actualmente el juego, cómo se llaman y qué colores predominan?

4) ¿Nombre 2 países hispanohablantes y cómo identifican las fichas según sus puntos?

5) ¿Cómo puede ser jugado el dominó?

6) ¿Cómo se colocan los jugadores y cuántas fichas toman para sí?

7) ¿Cuándo se dice que un jugador dominó la ronda o mano?

8) ¿Cómo deben mantenerse los jugadores en una ronda?

9) ¿Qué señal es válida en el jugador de turno?

10) Nombra otra característica especial del juego de Dominó.

❖ **Resumen** ❖

▶088
CD2-40 El Dominó es un juego de mesa cuyo origen (   ).
Posteriormente tuvo un gran auge en América, donde ha llegado a representar auténticas manifestaciones culturales, especialmente en aquellos países que limitan con el Mar Caribe. El juego surgió hace mil años en la China, luego aparece en Europa, especialmente en Italia, y (   ) como un juego compuesto por 28 piezas con caras en blanco y negro. Se dice que los franceses dieron el nombre al juego porque las piezas encontradas se asemejaban a los colores de la capucha de los curas o monjes durante el invierno: negra por fuera y blanca por dentro.

El dominó es una forma de (   ) que representa una competencia entre jugadores que acuerdan una máxima puntuación a alcanzar durante el desarrollo de las "manos o rondas". Sus 28 piezas de forma rectangular son llamadas "fichas". Generalmente son blancas por la cara delantera, dividida en dos cuadros numerados con puntos (como en los dados) y negras por la parte trasera.

El dominó puede ser jugado en parejas por cuatro jugadores, de forma individual y por equipos. El jugador o pareja gana una ronda o mano cuando colocando sus fichas, uno de ellos (   ), es decir, llega de primero o cuando tranca el juego, este jugador dominó la partida . El jugador o pareja ganadora será aquel cuyas fichas sumen menos puntos y a ellos (   ) producto de la suma de los puntos de las fichas que quedaron en manos de los adversarios. El primer jugador o pareja que logra alcanzar la puntuación acordada gana el juego. Se dice que el juego de Dominó fue inventado por un "mudo". (   ). La única señal válida para el jugador de turno es tomarse un tiempo para pensar (   ) que tiene sobre la mesa. Los espectadores no deben hacer comentario ni seña alguna. A cambio pudiera recibir una frase como esta: "Los mirones son de palo".

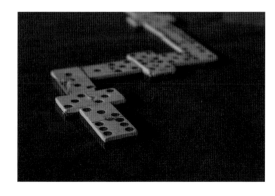

▪▪ **Gramática** —文法の基礎と展開 ▪▪

I 条件文の用法

① 現実的条件文（現実の仮定の場合）

Si yo continuo saliendo con María, tendré que pensar en casarme con ella.

もしマリアとのお付き合いが続けば、私は彼女との結婚を考えなければならないだろう（その可能性が高い）。

② 非現実的条件文（ありえないこと、非現実的なことをあえて仮定する場合）

Si yo continuara saliendo con María, tendría que pensar en casarme con ella.

もしマリアとのお付き合いが続くようであれば、私は彼女との結婚を考えなければならないだろう
（しかし、そのあの可能性はあまりない）。

> **文法のポイント**
>
> 現実的条件文　　　Si + 直説法現在, ...　直説法未来形（直説法現在も可）
>
> 非現実的条件文　　Si + 接続法過去, ...　直説法過去未来形（接続法過去 -ra 形も可）
> 　　　　　　　　　　　（-ra 形、-se 形）

③ 過去の非現実的条件文（過去において、ありえないこと、非現実的なことをあえて仮定する場合）

Si yo hubiera continuado saliendo con María, habría tenido que pensar en casarme con ella.

もしマリアとのお付き合いが続いていたら、私は彼女との結婚を考えなければならなかっただろう
（実際には、そうならなかった）。

> **文法のポイント**
>
> 過去の非現実的条件文　　Si + 接続法過去完了, ...　直説法過去未来完了
> 　　　　　　　　　　　　　（-ra 形、-se 形）　　　　（接続法過去完了 -ra 形も可）

練習1　次の日本語をスペイン語に訳しなさい。

1) もしぼくにたくさんお金があるならば、今あなたへの借りもないでしょう。

2) もしぼくが君なら、たとえどんな状況にあろうが（sin importar la situación）、上司に謝罪するけれど。

3) もしあのとき仕事をやめていなかったら、今頃その会社で出世しているだろう。

4) もし若手議員の協力がなかったら、本法案は可決されなかったであろう。

5) もしこの条件を受け入れるのであれば、今すぐにわが社はあなたと契約をしたいと思っている。

▪▪ Más prácticas ▪▪

過去分詞の不規則形

(　　　) のなかに、指示されている原形動詞の過去分詞を入れなさい。過去分詞が形容詞の役割
をしている場合は性数の一致が必要である。

1) La puerta está (abrir:　　　　　　　　　).

2) Beethoven ha (componer:　　　　　　　　) una nueva canción.

3) La madre ha (cubrir:　　　　　　　) a los niños con esa manta.

4) Los estudiantes han (contradecir:　　　　　　　) a su profesor.

5) Los niños han (deshacer:　　　　　　　) la cama y la madre está enfadada.

6) He (devolver:　　　　　　　) el libro a la biblioteca.

7) He (envolver:　　　　　　) los regalos de Navidad para los niños.

8) Las obras de Picasso ha sido (exponer:　　　　　　　) por la universidad en su galería.

9) Te has (inscribir:　　　　　　) en ese curso tan interesante.

10) He (imprimir:　　　　　) mi tesis en la impresora de la universidad.

11) Mis padres se han (oponer:　　　　　　　) a nuestra relación amorosa.

12) La universidad ha (posponer:　　　　　　　) los exámenes por el coronavirus.

13) La carne se ha (pudrir:　　　　　　) por el calor de este verano.(= podrir)

14) Este mes hemos (resolver:　　　　　　) el problema.

15) Nosotros hemos (volver:　　　　　　) temprano a casa.

⋯✖⋯ Un poco más コラム ⋯✖⋯

ドミノ

　ドミノには、中国を起源とする1から6の目の28個の牌のものと、ヨーロッパを中心に使われている1から9の目の55個の牌のものがある。国によってはこれ以上の牌が存在し、ゲームのルールもさまざまである。

　キューバでは歴史的に見てヨーロッパから伝わったものが浸透していると考えるのが妥当であろう。フランスで浸透していたドミノが、スペイン人によって伝えられたのか、あるいはイタリア人かアメリカ人がもたらしたのかはわかっていない。また、東部を中心に、中国式の28個の牌が存在している。19世紀半ばにサトウキビ農場などの労働者として大量の中国人がキューバに流入したが、中国式ドミノがその時に持ち込まれたものかは定かではない。西部では、ヨーロッパ式の1から9の目がよく使われているらしい。そして55個全部の牌が必ずしも使われるわけではなく、一人10個として4人分で40個をもってゲームが展開されることが多い。ゲームのルールもその場の対戦同士で勝手に取り決めてやることも多いようだ。このように、キューバにおいて東西のドミノが共存していることは興味深い。

LA SIESTA ESPAÑOLA

La **Siesta** es el tiempo destinado a dormir o descansar después de comer, por lo general entre 15 y 30 minutos tomados diariamente para relajar el cuerpo después de la comida más fuerte del día, el almuerzo. También se define como el tiempo después del mediodía cuando hace más calor. En muchos países la siesta se ha vuelto costumbre.

Preguntamos: *¿quién no desea tomarse un descanso después de comer?* Durante la   5
Edad Media los romanos, los cortesanos y los campesinos, se tomaban un momento para descansar. *Napoleón Bonaparte* entre batalla y batalla dormitaba encima de su caballo. Otros grandes personajes como *Albert Einstein y Thomas Edison* tomaban un tiempo de descanso para luego reiniciar su invención.

La siesta no necesariamente es para dormir, es un tiempo de descanso que el cuerpo   10
necesita para reponer energías y continuar laborando. Se recomienda hacerla entre las 15:30 y 16:00 horas del día, por ser el momento cuando el cerebro está más cansado después de haber pasado casi 8 horas de actividad desde que se levanta. Varios estudios la definen como una necesidad fisiológica que permite una mayor agilidad[1] cerebral, un mejor estado de alerta[2] y un mejor ánimo, lo que proporciona beneficios tanto físicos como mentales a   15
quienes la practican.

En España la siesta es una tradición mundialmente conocida, pasando a ser una actividad característica de la identidad española tan importante como sus famosas comidas: las tapas, paellas y tortillas; o como sus actividades artísticas; el cante jondo[3] y el flamenco. El escritor español *Camilo José Cela* definió la siesta como el "yoga ibérico" porque sus   20
efectos son similares a los beneficios corporales, mentales y espirituales que aportan esta práctica oriental.

La forma de alimentación que tiene el pueblo español ha incidido,[4] en gran medida, en la práctica de la siesta. Durante el desayuno y al final del día, su comida suele ser ligera, mientras que la más abundante y pesada es durante el almuerzo, cuando ingieren[5] 2 platos   25 fuertes y el postre, casi siempre acompañados de vino y gaseosas[6]. Esta comida genera un estado de cansancio y somnolencia[7]. Las altas temperaturas, especialmente durante el verano, y después de una buena comida el estómago exige una digestión más tranquila y reposada[8]. Entonces toman la Siesta, actividad que se ha convertido en el tiempo, en una arraigada[9] costumbre.

30

Una buena siesta no requiere más de 30 minutos, aún así, gran parte de las instituciones de servicios públicos y comerciales españolas toman una pausa más larga para reposar, en el horario comprendido entre las 2:00 y 5:00 pm. Si paseas por cualquier pueblito[10] o ciudad española durante esas horas, observarás calles solas e inhóspitas[11]. Tal vez sus pobladores están haciendo la siesta. De allí que el horario de trabajo español sea muy particular, por lo que muchos turistas y extranjeros que la visitan consideran curioso que en España muchas tiendas cierren después del almuerzo.

35

Hay pueblos españoles que han buscado proteger el derecho a la siesta y han aprobado normas para mantenerla. En el Municipio de Alcántara, se coloca una multa de 750 euros para quien la moleste o estorbe[12] durante el verano. Otra actividad que se desarrolla con frecuencia es la **sobremesa**[13]. Si después de almorzar los comensales[14] deciden no echarse una cabezada[15], como suelen decirle a la siesta, pueden descansar y relajarse mediante una agradable y larga conversación acompañándose de un café y de algún licor digestivo. Esta actividad también ha pasado a formar parte de la cultura española.

40

Winston Churchill sobre la siesta dijo: *Es de ingenuos*[16] *pensar que porque uno duerme durante el día trabaja menos. Después de la siesta, se rinde mucho más.* Estudios de la NASA han demostrado que la siesta es un hábito recomendable: aumenta la productividad y la capacidad de atención.

45

La siesta es una manifestación cultural que permanecerá por mucho tiempo.

OCIO-PASATIEMPO

🌿 Responde las siguientes preguntas con oraciones completas:

1) ¿Qué significa siesta?

2) ¿Desde cuándo y quiénes la practican?

3) ¿Cuál es su motivo y por qué en ese horario?

4) ¿Cómo es definida la siesta por los estudiosos? Señale sus beneficios.

5) ¿Cómo Camilo Cela llama a la siesta española y por qué?

6) ¿Qué motiva a los españoles a tomar la siesta?

7) ¿Cuánto tiempo se requiere para la siesta?

8) ¿Cuál es el horario promedio en España para la siesta y en qué incide?

9) ¿Conoce alguna medida tomada en España para proteger la siesta y dónde?

10) ¿Hay otra forma de sustituir la siesta y cómo la llaman?

❖ Resumen ❖

▶098
CD2-50 Nosotros tenemos la (   ) diariamente de (   ) o descansar como una media hora después del almuerzo. Tomar la siesta es útil para que relajemos el cuerpo después de comer, sobre todo cuando hace más calor.

La siesta no necesariamente es para dormir, lo es para descansar. Se (   ) hacerla como una (   ) que permite una mayor agilidad cerebral, lo que proporciona (   ) tanto físicos como mentales.

En España, la siesta es una tradición mundialmente conocida y ha sido una actividad característica de la identidad española. La forma de (   ) les obliga a los españoles a practicar la siesta. Durante el almuerzo su comida suele ser (   ), así que la comida genera un estado de cansancio y somnolencia. También a causa de altas temperaturas, especialmente durante el verano, el (   ) exige una digestión más tranquila y reposada.

Una buena siesta no (   ) más de 30 minutos. De allí que el horario de trabajo español sea muy particular, por lo que muchos turistas y extranjeros que la visitan consideran curioso que en España muchas tiendas (   ) después del almuerzo.

Hay pueblos españoles que han buscado (   ) a la siesta y han aprobado normas para mantenerla. En el Municipio de Alcántara se coloca una multa de 750 euros para quien la moleste o estorbe durante el verano. Otra actividad que se desarrolla (   ) es la sobremesa. La sobremesa es descansar y relajarse mediante una agradable y larga conversación acompañándose de un café y de algún licor digestivo. Esta actividad también ha pasado a formar parte de la cultura española. La siesta es un (   ) tan recomendable porque aumenta la productividad y la capacidad de atención.

✦➤❖➤ Un poco más コラム ➤❖➤✦

シエスタ

シエスタはスペイン語なので、スペイン固有の習慣だと考えがちであるが、世界中にその名称は違っても同様の習慣があるはずである。しかし、シエスタがスペインを代表する習慣になっている背景には、食事との関係があるように思う。

一日で最も時間をかけるのが昼食である。昼食のあとはシエスタの時間が入って、それも含めて昼の休息時間なのである。時間のかかる食事を急いで済ませることは消化によくない。また、伝統的には職場から家に一度戻って昼飯をとることが多かったが、そこには家族との団欒があった。その時間が取れるように、生活のタイムテーブルに「余裕」をもたせているのだ。だから、シエスタとはいえ、必ず昼の仮眠を取る必要はない。昼寝をしてもいいし、一人で読書をしても一向に構わない。とくに、みんなと午後のひとときを過ごすことを sobremesa という。生活における「余裕」が現代人には失われてきていると言われて久しい。このスペインのシエスタが果たしてゆとりある人間の生活習慣として評価されるのか、あるいは勤労意欲を下げる怠惰な人間をつくる悪しき習慣と受け取られるかは人により千差万別である。

:: **Gramática** —文法の基礎と展開 ::

I 関係詞（2）―前置詞がつく場合

①前置詞 + 定冠詞 + que

1) El chico extranjero que conocí ayer es muy simpático.　昨日私が会った外国人の男の子はすごく感じがいい。

直接目的語なので、conocí ayer al chico であるが、El chico que conocí ... となる。a を入れない。

2) La chica que habla por teléfono se llama Linda.　電話でしゃべっている女の子はリンダである。

La chica con la que hablé por teléfono ayer se llama Linda.

私が昨日電話でしゃべった女の子はリンダである。

Este es el restaurante de lujo francés en el que vimos a Michael Jackson.

ここは、私たちがマイケル・ジャクソンを見た高級なフレンチレストランである。

☞ただし、a, con, de, en で、抽象名詞、時や期間の先行詞の場合は定冠詞を省略する場合が多い。

La grave situación en la que nosotros nos hemos ido involucrando es muy rara.

= La grave situación en que nosotros nos hemos ido involucrando es muy rara.

私たちが巻き込まれつつある深刻な状況はきわめてまれなことである。

La pluma con la que escribe Linda su diario la compró ayer .

= La pluma con que escribe Linda su diario la compró ayer.

リンダが日記を書くのに使っているペンは彼女が昨日買ったものである。

No podemos olvidar la atenta hospitalidad con la que fuimos recibidos en su casa.

= No podemos olvidar la atenta hospitalidad con que fuimos recibidos en su casa.

私たちがあなたの家で受けた心からのおもてなしを忘れることはできない。

②先行詞が人の場合

前置詞 + quien（quienes 数の変化あり）:先行詞が人に限る。

1) La chica con la que hablé ayer por teléfono se llama Linda.（①‐2）

2) Linda es la chica con quien hablé ayer por teléfono.　リンダは私が昨日電話でしゃべった女の子である。

3) Ellos no son todas las personas a quienes les respondió el Presidente de la empresa.

彼らが、その会社社長が回答したすべての人ではない。

4) Linda es la chica con la cual estudio inglés.（②‐1、②‐2と比較）

リンダは私が英語をいっしょに勉強している女の子である。

（先行詞によって、el cual, la cual, los cuales, las cuales になる）

練習1　（　）の関係詞を使って、次の２つの文を１文にしなさい。ただし、前の文が主節に なるようにすること。また、別の方法で表現できる場合はそれも指摘しなさい。

1) Ahí me enamoré de un joven. / Con ese joven estuve charlando y comiendo. (con quien)

2) Llegué al aeropuerto. / En el aeropuerto ya estaban reunidos todos los compañeros. (en el que)

3) Ella es la estudiante. / Mario envió un mail a la estudiante. (la que)

4) Esperamos subir a la montaña rusa. / De la montaña rusa unas chicas extranjeras se bajan. (de donde)

5) Ellas saben la razón. / Por esa razón no se celebró la ceremonia de graduación. (por la que)

Ⅱ 関係詞 （3） ―独立用法

1) el que　　先行詞は人・事物。人の場合は、男性を含む一般の人の意味。

　　El que estudie mucho aprobará el examen final.
　　一生懸命勉強をした人は期末試験に合格するでしょう。

2) la que　　先行詞は人・事物。人の場合は女性を指す。

　　La que aprobó el examen es la chica que tiene el pelo rubio.
　　その試験に合格した人はブロンド髪の女の子である。

3) los que　　先行詞は人・事物。人の場合は複数の男性ないし一般の人の意味。

　　Los que estudien mucho aprobarán el examen final.
　　一生懸命勉強をした人は期末試験に合格するでしょう。

4) las que　　先行詞は人・事物。人の場合は複数の女性を指す。

　　Las que aprobaron el examen podrán recibir un premio.
　　その試験に合格した人は賞を受けるであろう。

5) lo que　　～のこと

　　Lo que se come en ese restaurante es muy bueno para la salud.
　　そのレストランで食事をすることは健康に大変よい。

　　No entendí bien lo que me dijo la señora extranjera.
　　その外国人女性が私に言ったことを私はよく理解できなかった。

6) quien　　人を指す。複数の場合は quienes となる。

　　Quien estudie mucho aprobará el examen final.
　　一生懸命勉強している人は期末試験に合格するでしょう。

　　El profesor obsequiará un libro a quien estudie seriamente.
　　先生はまじめに勉強している人（一人）に本を贈呈するであろう。

　　El profesor obsequiará un libro a quienes estudien seriamente.
　　先生はまじめに勉強している人（複数人）に本を贈呈するであろう。

7) donde　　場所を指す。

　　Los mayores no tienen donde trabajar.
　　高齢者には働く場所がない。

練習2　適切な方を選びなさい（回答は複数ある場合がある）。

1) (　　　　　　) no ha visto Granada, no ha visto nada.

2) (　　　　　　) han ganado los premios podrán tomar la beca para ir a España a estudiar.

3) El pueblo (　　　　　) vivo está cerca del mar .

4) El ladrón se escapó por la misma puerta por (　　　　　) entró.

5) No deben ir (　　　　　) tengan miedo al mar.

6) (　　　　　) me gusta más es jugar al fútbol.

> donde　quien　quienes　en (el) que　la que　los que　lo que

Lección 1

Pixattitude | Dreamstime.com
Ricardo Hernandez | Dreamstime.com
Olaf Speier | Dreamstime.com

Lección 2

PictureLux / The Hollywood Archive / Alamy Stock Photo

Lección 3

Ziya Akturer / iStockphoto.com
Jekurantodistaja | Dreamstime.com

Lección 4

Daddy Yankee   MediaPunch Inc / Alamy Stock Photo
Vino. C.   写真：ロイター / アフロ

Lección 5

Alicia Gonzalez | Dreamstime.com

Lección 7

Mathia Coco / iStockphoto.com
Vitalina Rybakova / iStockphoto.com
Foxys_forest_manufacture / iStockphoto.com

Lección 8

MiguelMalo / iStockphoto.com
MiguelABriones / iStockphoto.com
alexat25 / iStockphoto.com
carlosrojas20 / iStockphoto.com

Lección 9

Fernando Borteo   WENN Rights Ltd / Alamy Stock Photo
Escultura GATO   Pep Roig / Alamy Stock Photo

Lección 10

La Sagrada Familia   ValeryEgorov / iStockphoto.com
Casa Batloó   Eva-Katalin / iStockphoto.com

Lección 11

Gabriel Marcía Márquez   ZUMA Press, Inc. / Alamy Stock Photo

Lección 12

Photo 12 / Alamy Stock Photo

Lección 13

Tomas Zavadil | Dreamstime.com
AUL RODRIGUEZ / iStockphoto.com
Elmaildemarci | Dreamstime.com

Lección 14

Stígur Már Karlsson / iStockphoto.com
raksybH / iStockphoto.com
lapandr / iStockphoto.com

中級スペイン語読解への誘い

2021年2月20日　第1版発行
2024年3月30日　第3版発行

著　者　　　岩崎 ラファエリーナ（いわさき らふぁえりーな）

　　　　　　牛島 万（うしじま たかし）

発行者　　　前田俊秀
発行所　　　株式会社　三修社

　　　　　　〒150-0001 東京都渋谷区神宮前 2-2-22
　　　　　　TEL　　03-3405-4511
　　　　　　FAX　　03-3405-4522
　　　　　　振替　　00190-9-72758
　　　　　　https://www.sanshusha.co.jp/
　　　　　　編集担当　永尾真理

DTP　　　　株式会社　欧友社
表紙デザイン　やぶはなあきお

印刷所　　　錦明印刷株式会社

©2021 Printed in Japan ISBN978-4-384-42019-7 C1087